子どもにもらった愉快な時間

杉山亮

晶文社

ブックデザイン　平野甲賀

子どもにもらった愉快な時間　目次

本文扉カット＝著者

まえがき

誰もが普通に読める保育の本を書いてみたいと、前々から思っていました。

今までの保育の本が、もっぱら保母を対象にした、「こういう保育をしたら子どもがこう伸びた」という実践報告や、保育技術の提供ばかりであることに、少々不満だったからです。

保父として、足かけ七年、ぼくが暮らした保育の世界には、なによりかにより、子ども一人一人の思惑があり、喜怒哀楽がありました。

それを見る中でいろいろなことを考え、得をしたのは、どう考えても大人であるぼくの方だったと思います。

保育園・幼稚園という場での大人と子どもの普通のつきあいを、そしてその中でぼくが得た

ものを、喫茶店に入った大人同士が、

「あのさあ、今日、うちの職場でこんなことがあったんだけどさあ」

と笑いあえるような感じで語ってみたいと思ったのが、この本を書いた動機です。

I

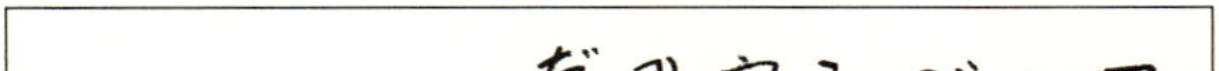
風邪がはやった日、
出席園児は三人だった。
ごはんは
ふつうの
家庭
みたい
だった。

かぜ組とであう

初めて利島《としま》に渡った日のことは、とてもよく覚えています。一九七六年の春でした。二年間通った保育専門学校の卒業証書を片手に、東京・竹芝桟橋を友人たちに見送られて出航したのが夜の十時、伊豆大島到着が翌朝の四時半でした。三月下旬のことで、まだあたりは真っ暗、海を渡ってくる強風に身がふるえました。

大島でそれまでの大型船から、油臭・振動・騒音のひどい老朽船に乗りかえました。週に二本の利島行航路です。もう東京湾ではない外海で、上下左右によく揺れました。

客は全員、船底の部屋で毛布をかぶって死んだように横になっています。ぼくだけが初めての船旅に興奮して、風をこらえてデッキに立っていました。

途中で東の水平線に日が昇り、海に金色の帯ができました。カモメが群れ飛びました。なにもかもがワクワクする、新しい生活の周囲の光景です。

そして、そこでひょいと前方を向いた時、彼方に利島を発見したのです。

利島のことはひととおり本で調べてきましたが、その頂きが空のあんなに高い所にあるとは知りませんでした。標高五百メートルの見事な円錐でした。人家は見えません。集落は椿林の下にひっそりと隠れているのでした。利島の主産業は昔ながらの椿油づくりで、島はいたる所、椿林です。

八時になって「利島で降りられる方はお迎えの艀《はしけ》が参りました」と放送が入りました。降りるのはほんの四、五人で、待っていると、じきに風下側の船腹に、親に寄りそう子どものように小さな艀が接近してきました。荷物を積みおろし、最後に人間が飛び移りました。

二隻の間には波のずれがあり、頃合いを見計らって両者の高さが近くなったところで、うまく飛ばなければなりません。へたをすれば船の間に押しつぶされます。なんとか飛びのり、艀はしぶきをかぶりながら前浜に向かいました。

灰色の大きな玉石がゴロゴロした前浜には大勢の人が待ちかまえていて、艀からロープが渡されると一斉にそれを引きはじめました。別の方向でやはり数人、潮で艀の向きが変らないようロープで支えています。あれよと思う間に、艀は玉石の上に並べた丸太のコロに乗りあげました。

港湾のない利島では、こうして一回ごとに艀を陸地にひっぱりあげなければなりません。逆に出て行く時は、人が乗りこんだあと、丸太のコロの上をウォーターシュートのように大勢で一気に押しだして水に浮かべるのです。

前浜（浜とはいってもすべて岩石海岸です）には村役場の人が待っていて、ぼくを下宿に案内してくれました。

ぼくはこの日からここ東京都利島村（人口二百八十人、周囲八キロ、面積四平方キロ）の村民となり、四月からは村立利島保育園の職員となるのです。

役場で用意してくれた下宿は、集落の一番山寄りで、ゲンジという屋号の家の隠居屋でした。四畳半と六畳で、ぼくには十分な広さです。

島に着いた数日後、そこに五歳児のゆりちゃんが訪ねてきました。いつのまにかぼくの部屋をのぞきこんでいるのでびっくりしました。

「あの、おかあさんがこれ持ってけって」

差しだされたビニール袋には魚が二匹入っていました。

「いやあ、ありがとう。悪いねえ。この魚、なあに?」

「トビだよ」

(トビウオに決まっているじゃないか)という声をゆりちゃんはだしました。きっとおとうさんがたくさん釣ったので、おすそわけに来てくれたのでしょう。

「まあ、待ちなよ。ゆりちゃん、遊んでいきなよ」

ぼくはあわてて菓子袋をだし、ゆりちゃんを招き入れました。室内におもちゃはありませんが、本だけはたくさん持ちこんでいました。ゆりちゃんはその本で積木を始めました。帰りぎわに「いつでもいいから他の子も連れておいで」と声をかけました。

その日から子どもたちがやってくるようになりました。朝といわず昼といわず、おしかけてきます。しまいにはぼくもつきあいきれなくなって勝手に本を読みだしました。子どもたちも横で勝手に本の積木をしています。それならその方が気が楽だし、長続きもするでしょう。

夕方になって冷蔵庫からビールをだすと、本が好きで、さし絵入りのものを見つけては見入っていたちえちゃんが、つっとそばにやってきました。

「先生、おしゃくしてあげるよ」

ぼくの利島保育園での子どもとの関係は、こんなふうに公よりも私の部分から始まりました。利島保育園の職員は保母二人・保父一人・調理員一人の計四人。子どもの方は島中の二歳から五歳までの子が一人残らず在籍していますが、多い年度で二十一人、少ない年度は十一人でした。

クラスは一応三クラスつくり、上からかぜ組・はな組・ほし組です。かぜ組は「忍者みたいでかっこいい」からと、ぼくが命名しました。

散歩をする

　ぼくも子どもたちも散歩が大好きで、四月からこのかた、しょっちゅう島の中を歩きまわっています。

「今日はいい天気だから散歩に行こう」というだけでなく、「今日は雨だから散歩に行こう」と雨の日散歩、「今日は風が強いから散歩に行こう」と風の日散歩――と、なんにでもかこつけてでかけます。

　九月の晴れた一日、子どもだけの散歩というのをしました。メンバーはもりやま君、いがらし君、おさむ君、みちこちゃん、さやこちゃん、きょうこちゃんの五歳児六人組に四歳のこてつ君、まさえちゃん、三歳のやすまさ君の計九人で、これがこの年のかぜ組全員です。

「今日は散歩に行こう」と、まずみんなを連れだし、保育園の西側の新地山林道に入ります。保育園自体が集落の西のはずれですから、林道に入ると人家は一軒もなく、車もめったに通りません。この道がうまい具合に椿林の中をグルッと回って四十分くらいで園のそばに戻ってこられるようになっています。

その入口で一芝居しました。

「あ、いけない。用事を思い出した！」

子どもたちが立ち止まって見上げます。

「困ったなあ。ねえ、ぼくは保育園に戻らなきゃならないんだ。みんなだけで散歩できないかなあ」

一瞬沈黙した子どもたちですが、すぐにみちこちゃんとさやこちゃんが、

「いいよ、いいよ」

とはしゃぎだしました。同時にぼくと手をつないでいたこてつ君が、

「えー、嫌だよ。一緒に行こうよ」

と、ぐずりました。それをうまく説得して、みちこちゃんに、

「この救急箱、持っていってよ。誰かケガをしたら、ちゃんと手当てしてあげるんだよ」

と、布の肩かけカバンを渡しました。

それを聞いたさやこちゃんが要領よく、やはりぼくの首にかかっていた水筒を奪いとりました。

「水は私がみんなにあげるからね」

「うん。頼むね。車が来たら絶対止まること。一人だけどんどん走っていかないこと。いいね、じゃあ行っておいで。バイバイ」

「バイバーイ」

こてつ君も涙ぐみながら
「早く来てねー」

とふりかえりふりかえり、それでもみちこちゃんに手をひかれて一緒に行きました。

子どもたちが見えなくなって、まず、タバコに火をつけました。もちろん、すべて計画通りで、これからこっそり後をつけて、連中のお手並を拝見する段取りです。また、さすがに危ないことを始めた時には出ていかなければなりません。

利島では車の絶対量が少ない上に、みな顔見知りですから、子どもを見かければ必ずスピードを落としてくれます。停車して笑いかけてくる人もけっこういます。そんな時は子どもの方から車に寄っていくのでヒヤッとしますが、とにかく交通事故にあまり目くじらをたてないで済むので、こんな企画も浮かんでしまうのです。

さて、忍者のように横走りし、子どもの姿に追いついて、パッと椿の陰に隠れます。ところが子どもたちの歩くペースはまったくメチャクチャなので苦労させられます。ワイワイおしゃべりしながら賑やかに歩いているかと思うと、突然歓声をあげて走りだしたりします。

そもそもかぜ組の散歩はいつも自由形態ですから、先を行こうが道草をしようがかまわないのですが、意味もなく走る子を見ていると、子どもとは本来走る動物なんじゃないかとさえ思います。

子どもが走りだせばぼくもカニのように走りますが、くりかえしているうちにとうとう発見されてしまいました。とっさに手をあげて木のふりをしても、漫画ではなし、通用するわけもありません。

「やあ、用事が済んだから、いそいで追いかけてきたよ」

と、しらばっくれて出ていきました。

するとまあ、タバコを吸ってる間のことでしょうか、いつのまにかみんな膝にバンソウコウを貼っています。聞いてみると、最初まさえちゃんが転んで膝をすりむいた、そこでみちこちゃんがぼくの見よう見真似で消毒してバンソウコウを貼ってやった、それをうらやんだもりやま君やおさむ君がわざと転んで膝をすりむいたというのです。

おもしろそうならわざとケガをすることも辞さない価値観にも恐れいりますが、文句を言う気にもなれないのは、みんなニコニコといい顔をしていたからです。

大粒の汗がキラキラ光っています。

いつも横にいて指図する人がいない気楽さがあるのかもしれません。この子ども集団の本来の強さを、保護という名目で封じこめてしまう役割を、ある意味で保育園が担わされているんだよなと、ちょっと考えさせられます。

しかし、残念ながらこの「子どもだけの散歩」とて、それに抗議する子どもたちから出てきた要求ということではまったくありません。せいぜい、保育園のデイリープログラムの小一時間をぼくが子どもたちに提供したに過ぎないのでした。

ともあれ、大人のいない所で見せる子どもだけの姿を大人たちは知りません。今日ぼくがチラリと見たのは、園ではおとなしい子が大胆に先頭を歩いたり、よくしゃべる子が無口になってみんなの後をついていく、日常とは逆転した光景でした。それは思わぬ収穫でした。

けれども尾行・覗きの成果というのでは絶対にフェアではないし、後味もよくありません。

自分をさらさず一方的に知りえた真実など、なんの役にも立たないのです。意を決して二回目では尾行をやめて、完全に子どもたちに任せきることにしました。

やはり天気のいい冬の日、コースは同じく椿の花が満開の新地山林道です。今度は水筒・救急箱の他に腕時計も貸しました。

「この長い針が一番上に来るまでに帰っておいで」

と、一時間くらいのつもりで、また九人を送りだしてやります。それからぼくは林道の入口で背を向けて、ゆっくり園舎に戻りました。

たばこをふかします。コーヒーをいれて、もう一服します。

ところがなにもしないでいると、今度はろくでもない想像がひろがりだしました。交通事故・迷子・ケガ・ケンカ……子どもが倒れている光景、そのそばで責任を追究される自分の姿etc……。すべてを自分の腹にのみこんで子どもたちを送りだしたつもりでも、弱いものです。

仕方ない。今さら追いかけてもまにあわないし、林道の終点に先まわりして待つことにしました。

遅い。

さらにたばこ数本を灰にして待つことしばし、やがて遠くの方から歓声が聞こえて、子どもたちが必死の形相で走ってきました。驚いてぼくも立ちあがりました。

「どうしたの!」

するとこれもなんのことはない、椿林で遊んでいたら、時計係のきょうこちゃんがいきなり、

「大変! もうじき長い針がここまで来ちゃう!」

となったので、全員走りづめで帰ってきたというのです。

みちこちゃんはまさえちゃんの、さやこちゃんはやすまさ君の手を握ってハァハァと息をはずませ、おさむ君などはぼくの姿を見たとたんに安心して道にひっくりかえってしまいました。

信頼は報われたらしい。ぼくは、「許せ、おまえを一度だけ疑った」というメロスの友人の心境です。

石をかぐ

よく晴れた冬の日、かぜ組でヘリポートに散歩にでかけました。ヘリポートは島の北西の、海から切りたった崖の上にあります。島には病院がありませんから、急病人はここから東京へ運ばれるのです。

風の強い日には飛ばされそうでとても歩けませんが、穏やかな時に周辺の芝生に寝ころんで海の向こうの富士山を眺めるのはなんとも気分がよく、子どもたちにも人気のある場所です。

そのヘリポートの隅の砂利山で思いついてひとつ仕掛けました。石を拾ってまず耳にあて、振り、鼻にあて、爪をたて、割ろうとし、叩きつける、という具合に次々に働きかけます。それを不審そうに見ている子どもたちの前で一言、

「匂う石と匂わない石がある！」

一斉に石拾いが始まりました。

本当に石が匂うかどうかは知りませんが、ぼくの鼻にはそう感じられたのです。子どもたちも鼻を近づけて、

「うん、この石は匂う」

と言っていたからまず大丈夫でしょう。

その帰り道、いがらし君は地面に叩きつけると粉の跡がつく石があることを発見し、それで舗装道路に絵を描き始めました。他の子もそれを見て、似た石を拾っては下に叩きつけ、「描ける石」を手に入れようとしました。

また、さやこちゃんはたまたま拾った黒曜石を地面にぶつけ、その破片の色がもとの形のときよりも透明に近くなっていること、それを太陽にかざすと向こう側が見えること、破片の中に流れる墨を瞬間に凍らせてしまったような模様のあることを発見しました。黒曜石は古代に鏃《やじり》やナイフとして使われた黒いガラス状の石です。

それ以後しばらく、石集めはかぜ組全員の趣味となりました。数ある種類の中でも宝物の部に入るのは、黒曜石とローソク石です。ローソク石は真白なので子どもたちがそう呼んでいる

もので、少しでも茶色や濁りが混っていると価値が下がることになっています。これが拾える場所はだいたい決まっていて、散歩コースがそのあたりに入ってくると、もりやま君などはもうソワソワしはじめます。

手持ちのビニール袋は一人一枚で許容量が限られているから、砂利山をかきわけつつ子どもたちは厳選します。黒曜石のようなブランドものでなくとも、形や色をなにかに見立てておもしろいと思えば、それもコレクションに加わります。黒に白い筋の入ったサンドイッチ石、中央がへこんだドーナツ石、紫石、緑石、コーヒー石、便器の形をした便所石等、すべて子どもの命名です。

みちこちゃんは探しだした石を、

「この石はさわると冷たい」

と言って、袋にしまいこみました。さわらせてもらったけれど、よくわかりませんでした。そう感じたのならそうなのでしょうが、よくそんなことに気がつくものです。

ぼくにはもう気づけないそんなことに心を動かせるみちこちゃんが、少しうらやましくもなります。

風をきく

西風の強い冬の日のことです。室内で好き勝手に遊んでいる子どもたちに、ふと思いついて尋ねました。

「風はどんな音がするか？」

即座に、「ヒュー」「ゴォー」と返事がありました。

「そうかな？　聞いてきてごらんよ」

ガラス戸をあけて、みんな外に出しました。子どもたちは髪の毛を両手で押さえながら、裏の椿林いっぱいに渡る風の音に耳をすませています。

で、室内に戻り、ストーブをとりまいた子どもたちにもう一度訊いてみました。

「さあ、どんな音だった？」

今度はいろいろな答が返ってきました。もちろん、「やっぱり『ゴォー』だった」という返事もありました。「ムオォォォ」などという表現は、よく感じが出ていると思いました。

また、ある日、みんなで椿林に入り、一人一本ずつ気に入った枝ぶりの木を自分の家に見立てて、登って遊んでいました。ぼくはみちこちゃんが提供してくれた「うちの隠居家」という木に登って、椿の葉で人形をつくっていました。

そこへ三歳のやすまさ君が来て、下から服をひっぱります。

「なあに、やす君？」

「ねえ、先生。今日の海、ザラザラしてるよ」

椿林の彼方の今日の海は、ナギるでもシケるでもなく、沖合いにゆるいうねりをみせて、ゆっくりとした冬の日射しをはねかえさずに呑みこんでいました。

「ほんと、ほんと、海、ザラザラしてる」

ぼくは思わず笑いながら、合槌をうちました。

その笑いの一部は、ついつられてキザなセリフを吐いてしまった自分へのテレです。残りの大半は、やす君の自由な表現への共鳴と、そういうルールやぶりの言い方をようやく受けとめられるようになった自分への安堵です。

保父になったばかりの春先には、「ことばは生きものだから、乱暴でも自由でいい」という理屈と、「そうはいっても、ていねいで、セオリーにのっとった日本語を互いに使いたい」という実感とがないまぜになって、子どものことばへの対応にとまどうことがしばしばでした。

それがべつに二者択一すべき問題などではないと感じられるようになったのは、「保育者として」とリキむことに、あまり意味を見いだせなくなった最近のことです。保育園という現場に入って、一人一人の子どもたちとつきあいだしてからというもの、机の前で考えていたぼくなりの保育観はほとんどこわれてしまい、その場で感じては対応する保育に変らざるをえませんでした。

ぼくがそうなるまでの期間、子どもたちはぼくに一方的に叱られたり、いやみを言われたり、ずいぶん高い代償を払ってくれたんだろうな、と思います。

味をみる

給食の時、調理室から運ばれてくる献立のうち、フライにはソースが、天ぷらにはしょうゆが必ずかかっています。これが当りまえのようでいて実はおかしいと気づくまでに三年かかりました。

ぼく自身は大のしょうゆ党で、なんでもしょうゆで食べます。トンカツをしょうゆで食べる人は結構いるし、千切りキャベツの方もソース、しょうゆ、マヨネーズ、ドレッシングのどれで食べてもおかしくないはずです。今日はしょうゆ、明日はソースでもいいし、なにもかけなくてもかまいません。さらに好みの分量というのもあります。

フライにあらかじめ定量のソースがかかっていることは、親切なようでいてどこかおかしい

——そう気がついて、調理室の方でかけてくれる調味料を断わりました。そのかわり、配膳が終ったところで、ぼくがソースとしょうゆを持って一人一人の机をまわっていきます。

「いる？　いらない？　ソース？　しょうゆ？　少し？　たくさん？」

手間が増えたのは確かですが、これは当然かけねばならない手間でした。

それからしばらくして、ソースとしょうゆは、黙って置いておくだけにしました。かけたい子はどうぞご自由に。

「ド・チ・ラ・ニ・シ・ヨ・ウ・カ・ナ」

と指で交互に指して決める子がいます。

初めはコロッケの上にソースを海のように流して遊んだ子もいました。それでゲラゲラ笑って、いざ食べようとしたら辛くて食べられません。

「まずくて食べられないよ」

「あ、そう」

「もう、食べられないよ」

「あ、そう」

とうとう泣きだしました。

「もう、いらない」
「おしまいにしたら」
好物を食べそこなったことで、その子は自分の行為のしっぺがえしをダイレクトにうけました。

その子と食物の直接の関係に第三者のぼくが割りこんで、たとえば「自分でやったんだから全部食べなさい」とかの罰を持ちだすと、問題はぼくのその子へのしつけという風にすりかわってしまいます。ひとつのできごとの中に教訓化できるなにかがあるとしたら、それは本人が探して自ら心に秘めるべきことでしょう。

こういう失敗があるから最初から大人がかけてやった方がいいというのはもちろん筋違いで、何度か失敗をくり返しているうちに、子どもたちは調味料を支配できるようになりました。

ソースやしょうゆが一律にかかっている時、子どもたちはソースのしみたそれをフライの味として覚えます。そこではトンカツしょうゆ派のような味わいは得られません。こうして用意された味の献立に、「なんでも残さず食べましょう。いつも給食おいしいね」と保母が追いうちをかけることで、揃いの味覚ができあがっていくのでした。

ある日、思いついてこんな遊びをしてみました。

机の上に、ソース・しょうゆ・さとう・塩・酢を並べます。それを一人一人なめてみて、なんだか当てるクイズです。

全員正解。

次に、人数分用意した小皿に好きな調味料を好きなだけ混ぜて、自分の気に入った味を作っていきます。五つの味をひとつたしてはなめ、量を増やし、また水で薄め、そのたびになめ、隣の子となめくらべ、「甘い！」「しょっぱい！」「すっぱい！」と、部屋は賑やかになりました。

中でもまさえちゃんの作った味は、みんなから「おいしい」と絶賛されて、大ニコニコです。秘伝にするつもりか調合の仕方を誰にも教えません。ぼくはすぐわかりました。さとうが八に水が二くらいのシロップでした。

その他、酢じょうゆ、さとうじょうゆくらいならまだつきあっていられますが、酢ソース、しょうゆソースとなるともう未知の味覚で、うがいをせずにはいられませんでした。

結局、「しょうゆはしょうゆ、ソースはソース、もちろん味は違うし、どちらもそれなりにうまいって結論になるかな」と期待していたぼくの思惑は、「全部混ぜるのが一番うまい」という

おさむ君、もりやま君、いがらし君の主張の前に挫折しました。ぼくにはひっくりかえっても
うまいとはいえない味ですが、しかし、とにかく味覚は個人のものではあります。

サンエンモばあにきく

利島の最年長、九十五歳のサンエンモばあの昔話を聞こうとテープレコーダーを持ってでかけました。ばあは数年前から寝たきりの生活で、島ことばでの小声の語りを母家の嫁さんが通訳してくれました。

ある日、ダイノネの山でサンエンモばあは一人で椿の実拾いをしていました。椿の実拾いは単調できつい仕事です。腰は痛むし、はかはいかず、根に拠って黙々と拾い続けます。

ヒョイと横を見ると、いつのまにかそこにもう一人老婆がいてサンエンモばあの仕事を手伝ってくれています。名は思いだせないが、知った顔です。

サンエンモばあが近寄ると遠ざかり、離れると寄ってきてカゴの中に実を放りこんでくれます。常に一定の距離を保ちながら、二人の老婆は無音で椿林の下を動きまわりました。

一人分の仕事を二人でしたのだから早い。日が十分高いうちにカゴはいっぱいになり、サンエンモばあは一声礼を述べると立ちあがりました。老婆はそれに答えず、サンエンモばあに背を向け、海を見つめて立っていました。

夕方、サンエンモばあは突然思いだしました。よく知った顔のあの老婆は、数年前に死んだ近所の老婆であったと。

カゴにはまちがいなく、半日でいっぱいになった椿の実が盛りあがっています。

それ以後二度と、サンエンモばあはダイノネの椿山には近寄りませんでした。


この話をさっそく保育園の子どもたちにしました。

薬が効きすぎたのか、その後の椿林の散歩をあやちゃんは嫌がりました。椿林の入口でぼくの手を握りしめたまま立ちすくんでしまいます。けれども、利島では椿林を通らなければどこにも行けません。子どもたちもぼくもあやちゃんも、肉厚の椿葉のつくる日なたと日かげのまだら模様の下を一気に駆けぬけました。

サンエンモばあはそれから一年後に亡くなりました。

で、ぼくはあやちゃんの恐怖心を煽るだけのつまらないことをしてしまったかというと、決してそうは思っていないのです。

タンダアじいにきく

集落の西のはずれ、保育園が建っているあたりを七ツ首山というのだそうです。利島でてっぺんのある山は宮塚山ひとつですから、ここでの「山」は「地域」という意味あいです。なんともいわくありげな名前に、ぜひとも由来を知りたくなり、タンダアじいのところに遊びに行きました。いつものように東山の隠居屋に一人でいたじいは、お茶をいれたあとゆっくりと話してくれました。

昔、利島では出産は血を見る不浄なものとされていました。ですから妊婦は産屋《うぶや》という小さな小屋を集落の西のはずれに建ててもらい、出産後の一定期間、そこから出てはいけないことになっていました。

ある時、すでに七人の子どもをもつ妊婦がまた産屋に入りました。首尾よく八人めを生んだその後で、家に残してきた子どもたちのことが気がかりになってきました。(今頃どうしているだろう)と思うと居ても立ってもいられなくなり、とうとう禁を犯して小屋を出ました。

家に帰ってみると……子どもたちの首が七つ、何者かにちぎられて並んでいました。


また、ゲンジのおじさんによると、こうなります。


昔、利島では親が死ぬと、子どもたちは汚《けが》れを落とすために斎屋《いみや》という小屋で二十一日間暮らしました。これをカットと呼びます。

ある時、親に死なれた七人の子どもたちがカットに出ました。

日がたって村人が迎えに行ったところ、小屋の中には七人の子どもたちの首が並んでいました。

それからこの小屋のあたりを七ツ首山というようになりました。

どちらにしろ、七人の子どもたちの死に方が不条理ですさまじく、「昔々ある所におじいさんとおばあさんが……」調のよくかみくだかれて脚色された伝説に馴れている身には、釈然としないものが残ります。しかし、本来、言いつたえとはこういうわけのわからないものなのでしょう。

この話もかぜ組でしました。

「どうだい。それでね、この保育園のあるあたりを七ツ首山って言うんだってさ。おしまい」

話し終ってみんなを見回します。誰も声がありません。

しばらくして、おさむ君がまわりを見渡し、ホッとしたように叫びました。

「大丈夫だ！　ぼくたちは今日、九人いるぞ！」

替え歌をうたう

替え歌づくりを時々やります。
たとえば「やぎさんゆうびん」（まどみちお作詞・團伊玖磨作曲）の元歌は次の通りです。

白やぎさんからお手紙着いた
黒やぎさんたら読まずに食べた
仕方がないのでお手紙書いた
さっきの手紙の御用事なあに

これをかぜ組全員で寄ってたかって替え歌にしてしまいます。

森山さんからおふとん着いた
杉山さんたら読まずに食べた
仕方がないので頭をかいた
さっきのふとんの御用事なあに

「頭をかいた」はいがらし君の発案ですが、「お手紙書いた」と語呂もあうし「仕方がないので」を受けて意味も通じています。
「シャベルでホイ」（サトウハチロー作詞・中田喜直作曲）という歌があります。

シャベルでホイ　せっせこホイ
もぐらのおじさん　道普請《みちぶしん》
そらホイ　どっこい　ザックリホイ

リズミカルで調子がいいので、ぼくがピアノに向かうとよく子どもたちにリクエストされる曲です。

で、前奏を弾き始めると、いがらし君、もりやま君、おさむ君の三人はすぐに中腰になってスタンバイし、歌と同時に炭鉱節のようなスコップ掘りの踊りを始めます。

ぼくがすぐに「ア、ソレ」「ア、ドシタ」と合の手を入れ、みちこちゃん、さやこちゃん、きょうこちゃんの手拍子が加わり、部屋は宴会場さながらとなります。

これも替え歌をつくりました。

まず、おさむ君の案で「道普請」が「じんましん」に替りました。さらに「せっせこ」が「背中を」になり、「もぐらのおじさん」が例によって「杉山おじさん」になります。できあがりは、

シャベルでホイ　背中をホイ
杉山おじさん　じんましん
そらホイ　どっこい　カイカイカイ

これをいつもの男三人組が体中をかきながら踊ります。

「やぎさんゆうびん」は単にことばを入れかえただけですが、こちらでは歌詞全体でひとつの意味ができています。立派なパロディでしょう。

この替え歌をつくった日の午後、五歳児の六人でカルタをやりました。今、ひらがなを読むのがおもしろくて仕方ないきょうこちゃんが読み手です。

そのきょうこちゃんが「しずかにしてね、あかちゃんひるね」という読み札を、どうしたことか突然「もぐもぐしてね、あかちゃんひるね」と、言ってしまいました。いつもするカルタなので、みんな本当の文を知っていますから一斉にずっこけました。

わざとではなく、まったく無意識に口から出たようで、言った本人の方がテレています。ことばの意味よりもリズムを先行させて覚えていたからでしょう。

このあとしばらくは読み札をわざと少し違えて読むのが流行しました。

「はぶらしシュッシュ、つるつるの歯」が「いがらしシュッシュ、つるつるの頭」になり、「みちへのとびだし、それだけはやめて」が「みちこのとびばこ、それだけはやめて」という具合です。

まったく、どんなすてきな詞でも、詞は詞でしかありません。叙情歌でもメッセージソングでも同じことで、子どもたちは平気でおもちゃにしてしまいます。そのことはつくり手にとっては悲しいことでも、それはもう詞より人間の方がえらいというあたりまえのことなのでしょう。

絵をかく

昼寝の際、ふとんに入った子どもたちの横でおはなしをするのが、ぼくの日課です。その内容に主張を持たせようとは考えません。

戦争物の「かわいそうな象」も落語ネタの「寿限無」も並列です。「雪舟が涙で描いたネズミの絵」とか「ベーブ・ルースの約束のホームラン」とかのちょっといい話、「大阪夏の陣」とか「西遊記」とかの講談調の連続話、神話や中世騎士物語、怪談、民話、グリムにアンデルセン、時には自分の思いつきの話と、ジャンルは選びません。

カーテンをひいて明りを落とした保育室で、手近な子どもの体をふとんの上からゆっくり叩きながら、一日一話、続けてきました。

ある時、ギリシャ神話の中の「西の涯、空を肩で支えて立っている巨人アトラス」の話をしました。

するど、子どもたちは昼寝から起きたあと、勝手にアトラスの絵を描きはじめました。普通、大人がノルマとして課さないと、こういう作業は始まりません。「空を支えて立っている人」という奇抜さがよっぽど気に入ったのでしょうか、めったにないことです。

いがらし君が、

「ねえ、アトラスってどんな服着てたの？」

と訊いてきました。

いがらし君は写実的な絵を描く子で、細部にこだわります。教えてもいいのですが、考えてみるとぼくのイメージも本のさし絵で見たもの程度で、はっきり言えるようなものではありません。

そこで二人ではな組の部屋に行きました。図書館や本屋のない利島のことで、ここにはぼくたち職員が東京へ行くたびに買いあさってきた絵本や図鑑がズラッとあるのです。見当をつけて何冊か調べてみましたが、ヘラクレスやゼウスの絵はありませんでした。

「しょうがないよね。いいよ、自分の思ったとおり、好きに描いてごらんよ」

と、自信のなさそうないがらし君を慰めてかぜ組の部屋に戻りました。

するとおさむ君ともりやま君がもうほとんどアトラスの絵を完成させて、バックの空を水色に塗っているところでした。もりやま君のアトラスは熊そっくりでした。おさむ君のアトラスは体中ネジだらけのロボットでした。

「なんだ、そりゃ」

といがらし君は大げさにのけぞってみせ、安心したのか自分も一気に描きはじめました。いがらし君のアトラスは、なんと胸からミサイルを発射するのでした。

ぼくが今まで話しつづけてきたギリシャ神話を、この子たちはふとんの中でどんなふうに頭に描いていたのだろうと考えたら、急に笑いがこみあげてきました。

とはいえ、アトラスが抗議にくるわけもないし、「そういうの、違うよ」と指摘して正しい絵が描けるようになることに、たいした意味もなさそうです。

うそをつく

かぜ組の子はぼくとのつきあいが長いから、ぼくが平然とうそをつくことを知っています。暗にそれを期待している節もあります。

たとえば朝の登園時、さやこちゃんにこう言います。

「今日は寒いね。ぼくが朝起きた時ね、『おはよう』って言ったら、あまり寒くて『おはよう』が途中で凍って固まって落っこっちゃったんだよ。それでね、それを拾ってこたつに入れたら、だんだん溶けてきて、こたつの中から『おはよう、おはよう』って声がしたんだよ」

落語のネタです。

聞かされたさやこちゃんは無言でぼくの顔をじっと見つめます。しばらくしてこちらがニッと笑うと、「あ、うそついたー。みんなー、杉山先生がうそついたよー」と仲間のところに走っていきます。すぐにかぜ組のお姉さん格のみちこちゃんが来て、ぼくに通告します。

「杉山先生、うそついたってね。一回目だからね。覚えとくからね」

ぼくのうそは「一日三回までは許す」と、子どもたちによって決められています。

「それ以上だとどうなるの?」

「針千本飲むんだよ」

ですから、ぼくは一日三回以上うそをついたことはありません。

みちこちゃんはぼくの話の真偽の監査役ですから、ぼくがいつもとちょっと違う話をすると必ず「それ、本当?」と確認してきます。確認の仕方は簡単で、

「先生、本当?　天に誓う?」

「誓う」

「生命《いのち》、賭ける?」

「賭ける」

このやりとりで「本当の話である」と承認されます。逆に、

「生命、賭ける？」

「うーん、それはだめ」

と答えれば、

「はい、うそ、一回目！」

と、ばれることになっています。

この確認の儀式はきわめて厳格で、その厳格さを守っているから、

「地球の中はね、溶岩がドロドロしていて、ものすごく熱くって、人間なんかすぐ溶けちゃうんだってさ」とか、「地球は丸いからね、向こう側に住んでる人はぼくたちとさかさまに立ってることになるね」とかの、初めて聞けばうそっぽくきこえる話もとにかく信用されました。

そしてみちこちゃんの方もこの掛けあいを楽しみたいから、どこかでぼくのうそを待っているのです。

昼寝の前にこんな話をします。

「昔々、ある所におじいさんとおばあさんが住んでいました」

「その話、知ってるよ。『桃太郎』だ」

「ちょっと待ってよ。なんでこれだけで『桃太郎』ってわかるの。とにかく、おじいさんとお

ばあさんが住んでいました。ある日、おじいさんは山へ柴刈りに、おばあさんは川へ洗濯にでかけました」

「ほら、やっぱり『桃太郎』じゃないか」

「違うんだよ、もう少し聞きなよ。で、おばあさんが川で洗濯をしていると……川上の方から大きなキュウリが一本流れてきました。おばあさんが大きな声で『あーまいキュウリはこっちゃあ来《こ》、にーがいキュウリはあっちゃあ行け』と歌うと、キュウリはドンブラコッコドンブラコッコとおばあさんの方に流れてきました。

おばあさんはそのキュウリを家に持って帰りました。夕方おじいさんが帰ってきました。包丁を持って、『一、二の、三』で二人でキュウリを切ってみると……中からそれはそれは顔の長い赤ちゃんが生まれてきました。

おじいさんとおばあさんはこの子を育てることにし、キュウリから生まれたのでキュウ太郎という名前にしました」

ぼくの新作、『キュウ太郎』の冒頭です。このあとはイヌ・サル・キジの代りに、パンダでもペンギンでもカブトムシでもなんでも、毎回思いつきの適当な動物が登場し、キビ団子もアイスクリームかなにかに化けてしまいます。

最後は「オニはギュッギュッと丸められ、オニギリにされてしまいました」とオチがついて「めでたしめでたし」になります。

聞いていたかぜ組の子たちは、ゲラゲラ笑って「うそだ」「うそだ」を連発し、

「もう、先生、もっとまじめにやりなよ」

「かぜ組、追いだすよー」

と言いたいだけ言って寝てしまいました。

この話を、友だちの保母がいる別の保育園に遊びに行った時に、四歳児のクラスでしたことがあります。やはり子どもたちは大笑いになりました。ところが同じ笑いでも、まったく反応が違います。隣りの子を叩いて、「ね、この話、おもしろいね」と合槌を求め、きわめてすなおに笑っているのです。

つまり、かぜ組の子たちはこの話を「桃太郎」のパロディとして受けとめ、そのいいかげんなストーリーと、それを真顔で話すぼくそのものを笑ったのに対し、こちらの園の子たちはこれを「桃太郎」とは別個のおもしろい話としてすんなり受けいれたのでした。もちろん、本当の「桃太郎」の話はこの園の子たちも知っているのにです。

この手応えの違いについては、あとでゆっくり友だちの保母と話しあいました。結論として、

つまりかぜ組の子の方が例外で、ふつうは「先生もうそをつくということが、子どもの常識の中にはない」ということになりました。

この結論はそれなりに重いわけです。しかし「うそはよくない」だの「うそ話になんの教育的効果があるか」だのの話は、とりあえずどうでもいいのです。ぼくは毎日子どもたちとのことばのやりとりを楽しみ、毎日ゲラゲラ笑いあっているに過ぎないのです。

さらに言うなら、かぜ組の子たちはもう、ぼくよりもうそが上手です。なにかのパロディでなく、芯からうそで固めた話を作ってくるようになりました。

次はいつもの五歳児六人組が、全員討議方式でつくったうその話です。この話ができあがるまでにぼくがしゃべったのは「それで?」「それから?」の、進行を促すことばだけです。一行すすめるごとに、その後の勝手なストーリーを子どもたちが声高に言いあい、そのどれかに他の子が「おもしろい」「それがいいや」と賛同していく方法で全体ができあがりました。下ネタも混じっているものの、話にくりかえしがなく、筋が次々に意外な方向に発展しています。

男の子が一人、歩いていました。

すると空から蟬がたくさん降ってきました。

濡れるといやなので、男の子は駆けだしました。
すると動物の町に着きました。
ちょうどその時、雲の上を走っていた自動車からタイヤがひとつ落ちてきました。
男の子はそれを拾って輪投げをして遊びました。
投げた輪はタヌキの家の屋根のアンテナに入りました。
それを見て怒ったタヌキがボールに化けて転がってきました。
けれども男の子がよけたので、ボールはビルに当ってしまいました。
ビルは倒れました。
男の子がその倒れたビルに入っていくと、中はどこまで行っても全部お便所でした。
男の子はお便所の中に落ちてしまいました。
落ちた所はウンチの国でした。
ウンチでできた人がウンチでできた椅子にすわっていました。
リスが出てきて、男の子に出口を教えてくれました。

こんなに奇天烈で脈絡のないうそ話は、ぼくにはつくれません。

おはなしをつくる

「おはなしづくり」は、一人一行ずつ、前の子の話をうけて次のストーリーをつくっていく遊びです。次にどんなことばが飛びだしてくるのかわからない楽しみがあるので、ぼくの好きな演目《だしもの》のひとつです。

その年のかぜ組で初めてとりあげたのは、西風が連日吹くようになった十一月の上旬でした。出席園児は七人です。最初の一行を、ぼくが設定しました。

「昔、あるところにおじいさんとおばあさんが住んでいました」

どうにでも展開できるよう、ありふれたパターンにします。つづいて、座っている順に子どもたちがしゃべっていきます。

「ある日、おじいさんは海に行きました」

「おじいさんは海で鯨に飲まれてしまいました」

「それからおじいさんは鯨のおなかの中でウンチをしました」（笑）

「それからオナラをしました」（笑）

「それから鯨のノドチンコをひっぱったので、鯨は苦しがりました」（笑）

「そこへ亀がおじいさんを助けにきました」

「そしておじいさんは亀に乗って家に帰りました」

めでたし、めでたし。

題をつけるなら「浦島ピノキオ」というところでしょう。悪のりのエスカレートを最後の二人がなんとか納めてくれました。話の進行に必然性こそありませんが、起承転結はちゃんとあって、それなりにまとまっています。ただ、笑いの質をウンチやオナラに求めることにぼくはもう食傷気味でした。

期待をこめて三日後にもう一度やってみました。出席園児は九人です。まず、ぼくが状況設定をします。

「昔、あるところにうさぎが一匹おりました」

「ある日、うさぎは山に行きました」(きょうこ)
「そこへライオンが出てきて、うさぎをたべてしまいました」(まさえ)
「そこへ王子様が助けにきました」(みちこ)
「王子様はライオンの口をあけてうさぎを助けました」(おさむ)
「王子様はうさぎをお城につれていって飼うことにしました」(いがらしまこと)
「うさぎは王子様がいない時、お城の外に出て蛇にかまれて死んでしまいました」(もりやままこと)
「王子様はうさぎのお墓をつくりました」(やすまさ)
「うさぎは天国に行きました」(さやこ)
「王子様は天国にうさぎを助けに行きました。そしてうさぎは生きかえりました」(こてつ)
めでたし、めでたし。

こちらは「うさぎの受難」という題がよさそうです。前回と違って下ネタにならなかったのには、ちょっとタネがあります。かぜ組は毎日自由席ですが、だいたい男は男、女は女ばかりでかたまって座ります。「浦島ピノキオ」では男の子の席の方からしゃべっていきました。それを今日は女の子の側から始めてみたのです。案の定、男連中は自分の番に来るまでのまともな話の流れに乗せられて、「ウンチ」や「オナラ」をだす時機を逸してしまったのでした。

　しかも、おさむ君あたりはずいぶん真剣で、まさえちゃんがいきなり、主役のはずのうさぎをライオンに食べさせてしまうと、「おはなしが続かないじゃないか。そこは『食べられそうになりました』って言うんだ」とクレームをつけたりしています。この時はみちこちゃんが機転をきかせて、王子様を登場させて助けました。

「食べられる」という表現は、子どもの間では必ずしも死を意味しません。「狼と七匹の子山羊」や「赤ずきん」で経験済みの「体内に閉じこめられる」の意にとるわけです。

　ところがそのあと、もりやま君が「蛇にかまれて死んでしまいました」と、物の見事にやってしまいました。そう言いきられてはどうしようもありません。主役に死なれた後の子たちは目を白黒させて、ようやく続きをひねりだしました。ラストで強引にハッピーエンドに持ちこんだこてつ君のやさしさは、感動的ですらあります。

　で、前の子のストーリーを受けてさらに話を進めるということについては、「浦島ピノキオ」より上手だったと思うのです。おさむ君のように、王子はうさぎを助けた↓どうやって助けたか↓口をあけて助けた、と「話を進める」というより「話を深める」ような表現もでてきました。

　それでもどこかこの話がものたりないと思うのは、一人一人が後の子のことを考えずに自分で話を終らせてしまう「つけたしばなし」になってしまっているからです。これは話が前作の「下ネタづくし」のかわりに「生き死にづくし」になったことにも原因があるでしょう。ぼくが最初に状況を設定してしまうために、自らの思いいれがしにくいということがあるのかもしれません。

けれども、とにかく一人一人が頭の中に空想の円をつくり、その円が他の子の円と五輪マークのように重なりあう部分で、（あ、ぼくの考えていたことと同じだ）（へえ、変な話になってきたなあ）と感じるのでなければ、みんなで「おはなしづくり」をする楽しみがありません。自分で最後までおはなしをつくりだそうという意向を持ちつつも、一人一行ずつで前の子の話に沿うというルールの中で、一瞬のひらめきをことばにするのが「おはなしづくり」です。同時にそこで出てくることばが後のストーリーへの影響を考えないその場のがれのものであれば、おはなし全体に活気がなくなってしまうのです。

数日後、今度は劇あそびをしました。これも人気種目です。人数の少ない利島保育園ではいつだって全員参加で、しかも重要な登場人物になれます。見てるだけなんて考えられません。

「さあ、今日はなんか、劇をしよう」

「やろう、やろう」

「なにをやろう?」

「三匹の子豚!」

「桃太郎!」

「がらがらどん!」

「てぶくろ!」

「狼とアヒル!」

最後のどさくさに出たまさえちゃんのことばをつかまえました。

「狼とアヒル?」

狼はともかく、アヒルというキャラクターはどこからひっぱってきたのでしょう。

「OK、おもしろそうだね、『狼とアヒル』って。でも、ぼく、その話、知らないよ。どんな話なの?」

誰も答えられません。なんと、言いだした本人も答えられませんでした。きっと、なにかのはずみか勘違いで口から出てしまったのでしょう。けれどもぼくは、すまして話を進めてしまいます。

「わかった。じゃあ、しょうがない。その『狼とアヒル』っておはなしをみんなでつくらなきゃ」
「みんなでつくってから劇をやるの？」
「うん、そうだね」
「やろう、やろう」
というわけで、またまた「おはなしづくり」です。
「お池におかあさんアヒルと子どもアヒルがいました。おかあさんアヒルは子どもアヒルに、いっしょうけんめい魚をとってやりました」（こてつ）
「こどもたちはどんどん大きくなりました」（いがらしまこと）
「それを狼が木に隠れて見ていました」（まさえ）
「子どもアヒルはそれに気がついて逃げだしました」（みちこ）
「狼は追いかけました」（さやこ）
「子どもアヒルは草の中に隠れました」（きょうこ）
「でも、狼はそれを見つけてまた追いかけました。子どもアヒルはおかあさんのところへ逃げました」（おさむ）

「おかあさんアヒルが狼のお尻をつっついて、狼は逃げだしました」（もりやままこと）

さて、今回は「追い逃げづくし」ですが、話の流れに淀みがなく、八人全員がひとつの事件について語っています。これは子ども相互で空想の共有があったと考えていいのでしょう。

たとえばまさえちゃんの「それを狼が木に隠れて見ていました」というセリフ（一方の主役である狼を登場させるだけさせておいて、その後はお手並拝見とばかりに隣の子にポンと渡してしまう手際の良さ！）には、おはなし好きのおさむ君から、「うん、おもしろくなりそうだぞ」という声が間髪入れずにあがりました。とても、前回の「おはなしづくり」で主人公のうさぎをいきなりライオンに食べさせて一人でおはなしを終わらせてしまった子とは思えません。

おそらく、まさえちゃんにもおさむ君にも他の子にも、「狼とアヒル」という題名から「悪役の狼と善玉のアヒルが出会い、食べられそうになるアヒルが最後に逆転する」という構想が頭の中にできあがっていたのでしょう。その空想の共有が感じられたからこそ、まさえちゃんは安心して話を隣の子に渡すことができたのです。クライマックスの逆転勝ちの方法が「かあさんアヒルは狼よりも強かった」という常識外のものであっても、それはこの際二の次です。

で、これをその場で劇にしました。立候補で決まった役の子がそれぞれのセリフを自前で用意し、狼がピアノの陰に隠れてスタートです。

かぜ組の劇はほとんど道具や装飾をつかいません。いつでも、今ある物をなにかに見立ててすませてしまいます。この劇でも最初は部屋中が池に見立てられ、そのすぐ後は一面の原っぱに化けました。草の間に隠れるところでは、子どもたちはなにもなくとも小さくしゃがみこみ、木の陰に隠れるところではまたそれなりの動作をします。もちろんぼくが決めたことではなく、子どもたちの無言のままでの瞬時の約束事です。

アンコールに応えて、役を替えてもう一回やった時には、草むらはまったく違う場所になりました。

逃げ、追いかけ、隠れ、また追いかけという、なんとも賑やかな劇あそびでした。

それからも「おはなしづくり」は続きました。一回するのに五分もかかりませんから、ちょっとはんぱな時間にいつでもできます。

ぼくも自分を限定しながら、時々口をだします。たとえば誰かが、「そこに王子様が来ました」と言えば、

「王子様はどんなかっこうしてたんだろう？　シャツやズボンの色はどんなだったんだろう？　歩いてきたのかな？　一人で来たのかな？　どこから来たんだろう？　なにしに来たんだろ

う？」

等々、思いつくままに訊いてみます。その結果、こんな風になります。

「そこに白いセーターに白いズボンの王子様が白い馬に乗って、お城の方からパカパカ走って来ました」

また、お話の最初を、

「昔、あるところに一匹の狼がいました」

と設定してみたこともあります。子どもたちは「物語の最初に登場する者は主人公であり、主人公は善玉である」という概念を持っています。ところが狼の方は悪玉の代表選手であり、どんなにやさしいスタイルで登場してきても途中で必ず悪の本性をむきだす存在と、これまた相場が決まっています。この矛盾を子どもたちがどう料理するか、いじわるにも一丁かきまわしてやれと思いついたのです。

ちょうど毎日、昼寝の際に小沢正さんの「目をさませ！　トラゴロウ」の連作を読んでいました。主人公のトラのトラゴロウは善玉・悪玉を超え、あたりまえの食物連鎖の中に生きています。おなかがすけば「弱き者」であるブタでもヒツジでも食べるし、自分を攻撃してくる猟師も食べてしまいます。それで「トラゴロウはおなかいっぱいになると、また竹やぶに帰ってスヤスヤと眠りました。おしまい」なのです。悪役であるはずのトラが主役でユーモラスな性格、しかも話はハードというところが子どもたちの意表をつくのでしょう。毎日、子どもたちにおおいにうけていました。

「あるところに狼がいました」という設定は、小さな体にいつのまにかしみついた「狼は悪いものである」という概念から子どもたちがどれほど自由になれるかという問いかけです。「トラゴロウ」はそのための援護射撃といってもいいでしょう。

で、できた話の方は、狼が子うさぎを見つけて食べようとします。そこへ母親うさぎが走ってきます。あやういところに飛びこんできて一言、

「ああ、どうかこの子を食べないでください。かわりに私を食べてください」

どこから思いついたのか、この名セリフはみちこちゃんです。その結果、すっかり改心して母も子も食べないで帰るという、善玉でも悪玉でもないが、そのかわりえらく分別くさい狼ができあがったのでした。

十二月になりました。月末には「忘年クリスマス会」があります。親も園に来て、各クラスごとの歌・踊りのステージはもちろん、親の歌、人形劇・職員劇・ゲーム大会・クイズ大会・

サンタクロース登場・プレゼント交換会等々、昼寝なしの一日ぶっとおしで遊びまくる日です。

かぜ組の今年の出し物は、オペレッタ「小さなきかんしゃ」。土壇場に来て追いこみ練習というパターンだけは避けたいと、十一月の初めから「歌遊び」という感じで少しずつ始めていたので、これはなんとかなりそうです。その余裕で、つい子どもたちに尋ねてしまいました。

「もうひとつ、クリスマス会になにかやりたいもの、あるかな?」

「劇やろう!」

「うん、私も劇がいい!」

「ぼくも劇がいい!」

(ヒェー、そういう練習がいるものは困るんだよな)と思うので、いかにものらない素振りで重ねて尋ねます。

「ふうん。で、なんの劇がいいの?」

「うーん。また、つくってやろう!」

「うん。それがいい」

「そうしよう、そうしよう」

(おやおや)ですが、子どもたちがそんなに乗り気のものを拒む理由はまったくありません。

そして始めてしまえば、ぼくだってすぐ熱伝導されてしまうのです。

かくしてまたまた「おはなしづくり」になりました。もう、設定からおまかせです。

「ある山にタヌキがいました」(きょうこ)

「タヌキはおじいさんに化けました」(さやこ)

「ねえ、ちょっと訊いちゃうけど、タヌキはどうやって化けたの?」

「あのね、頭にハッパを乗せて、こうやって」

と、さやこちゃんが指を結びました。

「あ、そうじゃないんだよ。印の結び方が違うよ」

と、ぼくがすぐに猿飛型(両手とも人さし指と中指を立て、右の手のひらで左のたてた二本を握る)と児雷也型(十本の指を互い違いに組みあわせて握る)を披露します。

「でもね、あとのはガマガエルになる術なんだよね。だから、こっちかな」

しばらくみんなで猿飛型忍術の練習です。

「目をつぶって! そうじゃないの、口はもっとギュッと結んで!」

子どもたちも子どもたちで、注意されればされるほど喜んでいます。一段落して、話を戻します。

「おじいさんに化けたタヌキは、スイカを盗みに行きました」（もりやままこと）

「ちょっと待ってよ。それ、変だよ」

「……？」

「だってね、スイカ泥棒しに行くなら別にタヌキのままでいいわけでしょ」

ぼくの言っていることがわかりかねるという顔の子どもたちに、かみくだいて意見を述べました。

「だってタヌキだって人間だってスイカ盗むんなら同じだもの。泥棒っていうのは人に見られないようにしてするんだからね」

「……」

「人間に化けるっていうんなら誰かをだますためなんじゃないかな」

「……」

「誰をだと思う？」

「……。人間！」（もりやままこと）

「うん。人間に化けたタヌキに化かされるのは人間しかないよね。だから、おじいさんに化けたタヌキは人間のところに行かなきゃおかしいんじゃないかな」

あとになって、このぼくの口だしは早過ぎたと気づきました。しかも強引でした。せっかくのもりやま君のストーリーを握りつぶして悪いことをしてしまいました。けれども、同時にこの時点で、今日はいろいろ口だしをしよう、一人一人文句をつけるところはつけてしまおうと、逆に腹を決めたのです。

「おじいさんに化けたタヌキは動物園に行きました」（いがらしまこと）

「動物園おもしろそう！」

と他の子から声があがりました。

「おじいさんに化けたタヌキは、タヌキのおりに行きました。鍵をあけてみんなを逃してやりました」（おさむ）

「それからみんなは山に帰りました」（やすまさ）

「え？　そのまま帰っちゃうの？　なにかしなきゃおもしろくないんじゃないの？」

と、この口だしは、まだ一度もしゃべっていない子が三人も残っているためです。

「人間をだますことにしよう」

「そうしよう、そうしよう」

「なにに化けようか？」

「女の人に化けよう、みんなで」
「そうしよう、そうしよう」
みんなでひとしきり勝手に話したあと、次の番のみちこちゃんがまとめるかのように口を開きました。
「タヌキが女の人に化けて歩いていると、向こうから女の人が来ました。そこでタヌキがパッと本当の顔を見せると、女の人はキャッと言って逃げて行きました」（みちこ）
「それからタヌキたちは山に帰りました」（まさえ）
「山に帰って楽しく暮らしました」（こてつ）
ここまでできあがった話を、その場で劇にしてみんなで遊びました。

次の日はぼくの方から持ちかけました。

「昨日の劇をまたやろう」

「うん、やろうやろう」

「あのね、昨日の話でよくわからないところがあるんだ。それをきくから、誰でもいいから答えてね。まずね、おじいさんに化けたタヌキは、どうして動物園に行こうと思ったんだろう？」

「仲間のタヌキがいたから」（きょうこ）
「仲間のタヌキを助けに行こうと思ったから」（さやこ）
「ふうん、仲間だったのか。どうして、仲間のタヌキは動物園にいるの？」
「つかまっちゃったから」（きょうこ）
「誰に？」
「猟師に」（いがらしまこと）
「なるほどね。猟師につかまっちゃったのか。で、どうしてポン次郎だけ、つかまらなかったの？」
おじいさんに化けた主役のタヌキは、昨日子どもたちによって「ポン次郎」と命名されていました。
「隠れたから」（きょうこ）
「木に化けたから」（もりやままこと）
「ふうん、だってさ、じゃあ他のタヌキは化けたり隠れたりできなかったの？」
「そう」
「じゃあ、変だよ。だってこの話ではさ、みんな、あとで女の人に化けるんだよ。だから化けられたんじゃないの？」

「……」

自分でもハラハラするくらいしつこく意地悪く、しかしとにかく話の筋が通るまでぼくはねばりました。

劇には出てこない場面のことでも、背景を全員共通の了解事項としておけば、演技は滑らかになるし、アドリブも出てくるようになります。劇遊びのセリフは、言うべきことさえ押さえれば、前後の言いまわしなど個人におまかせでいいのですから、かぜ組の劇はいつも状況把握とか感情移入中心で暗記はしません。

「じゃあさ、猟師が来た時、タヌキたちは何をしていたんだろう？」

「遊んでたの」（きょうこ、さやこ）

「なにして遊んでたの？」

「鬼ごっこ！」

「かくれんぼ！」

ここで一瞬の沈黙があり、すぐ一斉に、

「かくれんぼ！　かくれんぼ！」

と声があがりました。

「かくれんぼ」ということばがたまたま出て、その合理性にみな同時に気づいたようです。

「かくれんぼしててね、ポン次郎だけ隠れてるところへ猟師が来たの」（いがらしまこと）

「え、どういうこと？」

「だからね、他のタヌキたちはもうみんな鬼につかまっちゃってたの」（みちこ）

「あ、それでポン次郎はまだ見つかってないから隠れていて、他のタヌキたちはもう原っぱのまんなかかなにかにいたってわけ？」

「そう、そう」（みんな）

できすぎのようですが、もちろん誘導はしていません。筋さえ通るなら、「猟師」ではなく「ワナ」につかまったのでもいいし、「かくれんぼ」のかわりに「寝こみをおそわれた」でも構わないのです。

ともかく今日からは一人一行のルールを卒業してディスカッション方式です。みんなで共通のイメージを思い浮かべ、その異なる部分をぶつけあう空中戦と言いかえてもいいでしょう。

そして、やっとひとつ、共通の出発点にたどりつきました。

「つかまった仲間を助けに行くタヌキの話」

という、ストーリーの骨格です。

「OK、それからさ、ポン次郎はどうして猟師に連れていかれちゃった仲間たちが動物園にいるってわかったの?」

「……」

これはこの時すぐには返事ができませんでしたが、すぐ後で劇にした時、猟師の役をやったみちこちゃんとさやこちゃんがちゃんと答えてくれました。

「しめしめ、あんなところにタヌキがたくさんいるぞ」

「つかまえて動物園に売ってやろう」

と、アドリブを入れたのです。この猟師のセリフを、隠れているポン次郎が耳にしたという解釈です。

「それじゃあさ、ポン次郎は動物園がどこにあるかどうしてわかったの?」

「道を訊いたの」(もりやままこと)

「誰に?」

「向こうから来た人に」

「ああ、そう。じゃあ、道を教えてくれる人も出てこなくちゃね」

適当に切りあげて劇にしました。タヌキたちがかくれんぼをするシーンが、今日は冒頭に加わりました。「道を教える人」はちょい役なので、ぼくが立候補して演じました。


その次の日です。登園してきたきょうこちゃん、まさえちゃんが玄関口で開口一番、

「ね、今日もポン次郎やろうよ」

「うん、やろう。でもさ、ぼくはまだよくわからないところがあるんだけどな、訊いてもいい？」

「うん、いいよ」

(今日は話の後半の方をもう少しつっついてみたい)というわけで、「おはなしづくり」の三日目です。

「まだ、わからないところはね、動物園から逃げだしたタヌキたちが女の人に化けて町の女の人をおどかすでしょ。でもさ、この人たちは別にタヌキたちになにも悪いことしていないんだよね。どうして？」

「……」


ここでは「猟師も女の人も同じ人間だから」というラジカルな答えがもし返ってくるなら(もちろんそれでも筋は通るなあ)と、勝手に考えていたのです。けれども子どもたちはどう答え

たものか迷ったすえに、いさぎよく前案をひっこめてしまいました。
「あのね、女の人じゃなくて猟師をおどかしたの」（さやこ）
「うん、そうそう」（他の子）
「ふうん、猟師にしかえしするわけ？」
「そう」（さやこ）
なんだか拍子抜けもします。ないものねだりかもしれませんが、話にまとまりができるかわりに、劇のスケールがひとつ小さくなるような気もするのです。
「どうして、タヌキをつかまえた猟師たちにまた会えたの？」
「猟師の家に行ったの」（さやこ）
「どうやって猟師のおうちがわかったか知りたいでしょ？」（みちこ）
みちこちゃんが先手をとってきました。
「うん、知りたい」
「匂いをかいで行ったんだよ、鼻で」（みちこ）
「そう、こうやって」
と、もりやま君がすぐに床に鼻をつけてクンクンとあたりをかぎまわりはじめました。全員

つられて床に四つんばいになり、しばらくはクンクン大会で中断です。ようやくおちついてから、

「じゃあ、どうやってしかえしするの？」

「こうやって」

と、もりやま君が即座にぶったりけったりの真似をします。

「そりゃだめだろ。だって猟師は鉄砲持っているもの」

「大勢でやれば大丈夫だよ」（いがらしまこと）

「でも、誰かやられちゃうよ」

「……」

ここは、劇のクライマックスになる一番の見せ場です。みんな考えこんでしまいました。ぼくにはもう、いいアイディアが浮かんでいました。切ったはったでないタヌキ流のスマートなやっつけ方です。クスクス笑いながらぼくは言いました。

「みんな、なにを考えてるの？　今度こそあの手でいいんでしょ？」

「あ！　化けよう」（さやこ・みちこ）

「そうしよう、そうしよう」（他の子）

ヤクザ映画ではあるまいし、暴力でおどかされてつかまったタヌキたちが暴力でやりかえすというのではあまりに殺伐としています。偶然とはいえ、せっかくタヌキが主役と設定されているのですから、この手がやはりおもしろそうです。

ではなにに化けるのか、(おばけか怪獣かな)と思っていたら、いがらし君がいきなり叫びました。

「ぼくはいすに化ける!」

それをきっかけに他の子たちが、

「つくえ!」

「私はベッド!」

「私はテレビになる!」

と、続けました。(なんのこっちゃ)とびっくりしているぼくを尻目に一気に話ができあがってしまいました。

「動物園からポン次郎によって助けだされたタヌキたちの一行は、自分たちをつかまえた猟師におかえしするべく、猟師の家に向かいました。ところが猟師は留守でした。そこでタヌキたちは家に入り、思い思いの家具に化けて猟師の帰りを待つことにしました」

『さるかに合戦』のラストを思わせるこのストーリーをいがらし君は想起して「いすに化ける！」と叫んだのでしょう。そしてその一言に、他の子は瞬時に空想の回路を同調させることができ、ぼくは残念ながら少し遅れたのでした。

やがて猟師が帰ってきました。イスに座りました。「あれ、このイス変だぞ、動くぞ、くさいぞ、あったかいぞ。ありゃ、机の上にあったおかしがないぞ。（タヌキがとっくに食べてしまっている。）変だなあ、テレビでもつけるか、カチャッ。（とたんにテレビに化けていたタヌキがアカンベーをする。）ウワー、おどろいた。もう寝よう。（猟師、ベッドに入る。するとベッドに化けていたタヌキがひっくりかえって猟師を押さえつける。）ウワー、タヌキだ！（猟師、起きあがって鉄砲を取ろうとする。ところが鉄砲もタヌキが化けていたものでどうしようもない。）ウワー、まいった、まいった！」

いろいろなものに化けていたタヌキたちにとびかかられて、猟師はとうとう動けなくなってしまいました。

タヌキたちは笑いながら、みんなで山に帰っていきました。おしまい。

これを劇にしました。最後のところはドタバタ入り乱れて、トーキーの喜劇を見ているような賑やかさでした。体で表現する家具もきまっていたし、登場人物もタヌキと猟師だけ（例外として「道を教えてくれる通行人」）になってスッキリしました。
ところが、猟師役のみちこちゃん、さやこちゃんが気をきかせたのか、最後に
「ごめんなさい、もう、しません。ごめんなさい」
とタヌキたちに三拝九拝するアドリブを入れました。『一寸法師』の鬼じゃあるまいしと、一言意地悪を言ってやります。
「ねえ、なにをあやまってるの？　なにか悪いことをしたの？」
「そう」（みちこ・さやこ）
「『もう、しません』って、猟師をやめてどうするの？」
「……。先生になる」（さやこ）
思わず苦笑します。さやこちゃんはとっさに思いつきを言ったまでなのでしょうが、こちらには悪い冗談に聞こえます。
「ちがうんだよ。ぼくは思うんだけどね、猟師のおじさんていうのは動物を鉄砲を撃つのがお仕事でしょ。そういう仕事って、いけないと思う？」

「いけない」（さやこ）

「どうして？」

「動物がかわいそうだから」（さやこ）

「うーん、かわいそうだとはぼくも思うよ。でもね、それじゃあ魚釣るのもいけない？　魚もかわいそうだよ」

「……」

利島では男はたいてい釣りをします。朝といわず夜といわず、浜に釣人がいないことはありません。その魚を子どもたちはしょっちゅう食べていますから、釣りは猟よりはるかに身近に感じられるのです。

さやこちゃんが困ったような顔になったので、

「OK、これはまたいつか考えようね」

と切りあげました。結論をだす話ではないし、また、だせる話でもなさそうです。

子どもという池にぼくが石を投げて波紋が起きます。最初大きかった波紋がだんだん弱まって最後にどうなるかは池自体にもわかりません。その頃には、石の方は波紋と無関係に、とっくに沈んでしまっています。その結果をどこかに誘導しようとは考えずに、ぼくはただ、石を投げつづけようと思うのです。この問題もそういうひとつです。

おしまいにもうひとつ、ゆさぶりをかけました。

「ねえ、これが最後の質問。タヌキたちはさ、どうしてまた山に帰って行ったんだろう？　どうして動物園じゃいやだったんだろう？」

「狭いから」（きょうこ）

「うちに帰りたかったから」（さやこ）

「おかあさんが待っているから」（みちこ）

「自由になりたかったから」（いがらしまこと）

「ふうん、いろんな答えがあるんだね」

と、これも矛をおさめました。

いがらし君が「自由」ということばをだしてきましたが、もちろんそういう答えを期待して

ぼくは質問しているわけではありません。劇の中で動物園のタヌキたちが「自由を我らに！」

とシュプレヒコールするのは詮ないことです。演じる子どもたちが、

「動物園の動物たちはかわいそうだ。動物園はいらない！　ぼくたちはもう、動物園へ行かない！」

と宣言するのでもないかぎり、この劇を「タヌキの自由奪回闘争」という設定ではできそうにありません。現実とかかわらない劇の中の自由では、あまりに「自由」が安っぽいからです。

といって、「自由になりたかったから」が誤答ということではもちろんありません。いがらし君にとってはとりあえずの正答ですし、やがて身をもって正答にしていくべきものなのかもしれません。他の子たちの「狭いから」も「家に帰りたかったから」も、理由になっているという意味でみな正答です。

三日間かけてできあがった創作劇「ポン次郎の冒険」は、暮の忘年クリスマス会に上演されました。

「演技がうまいかへたか」という基準でかぜ組の子どもたちの芝居を観られると、ぼくにはことばがありません。でもアドリブと即興の肉体表現をもって、空想を共有することを「劇あそび」と呼ぶのなら、かぜ組の子たちはうらやましくなるほど「劇あそび」を楽しんでいます。

「ポン次郎の冒険」は、その後かぜ組の遊びのレパートリーのひとつとなりました。子どもたちは、

「なんかして遊ぼ。ドッジボールしようか、トランプしようか、ポン次郎しようか」

といった気軽な調子で、完全に自分たちのものにしてしまいました。

あいことばをいう

園庭で遊んでいた子が中に入ってきます。先に玄関に入った子がガラス戸をしめてしまいます。後から来た子が、

「あけてー」

と叫ぶと、中の子が、

「魔法のことばー」

と答えます。

「ひらけー、ゴマ！」

ガラガラガラ。

連日くりかえされるこのやりとりを見ていて、あいことばづくりを思いつきました。あいことばは本来味方かどうかを確認するために使われるものですから、かぜ組同士でやっても意味はないのですが、とっさのことばのやりとりを二人で楽しもうというわけです。

そう提案して子どもたちから出てきたもの。

山＝川
海＝船
草＝木
タオル＝おふろ
肉まん＝あんまん
机＝椅子
ブーラブラ＝ブーランコ
キンキララ＝宝物
紙＝ハサミ
オオマヌケ＝バカバカバ
タヌキ＝キツネ

風船＝空気
テレビ＝漫画
絵本＝字
ケーキ＝ローソク
クリスマス＝サンタクロース
ピンポンパン＝パンポンピン
ポンキッキ＝キンポッポ
あめ（雨）＝あめ（飴）
パンダ＝ごはんだ
虹＝三時
メダカ＝カモメ

反対概念のもの、類似で連想できるもの、「パンダ＝ごはんだ」のようなひっかけなど、いろいろありますが、こりゃいいなと思ったのは「オオマヌケ＝バカバカバ」「ブーラブラ＝ブーランコ」でした。

マヌケに対して反射的にバカと出るのはわかります。ところが実際に発音してみると、「オオマヌケ」に「オオバカ」と答えてはまるでケンカですし、「バカバカ」や「バカバカバカ」ではかけあいのリズム全体がこわれてしまいます。ここは一番、「バカバカバ」と五音の新語をみちこちゃんがつくってピッタリあいました。同様に「ブーラブラ」は「ブーランコ」と語呂をあわせてうけなければなりません。

片っぽしから黒板に書きだしたあいことばを子どもたちはその場で丸ごと覚えてしまい、それから数日間は園の内外を問わず、あらゆる場所でこのやりとりが行なわれました。もちろん玄関先では「ひらけーゴマ」に代ってあいことばの確認が行なわれ、かぜ組の中で飽きてしまえば他の保母に持ちかけてその困惑ぶりを楽しんだりしています。

仕掛人のぼくは思わぬヒットにニヤニヤ。つくりだされたあいことばはすべて覚えているからクラスから閉めだされることもないし（こういうことばあそびのセンスは文字づらにこだわっていては培われないいんだよな、うん）などとひとり悦に入っています。

で、ある日の玄関前です。みちこちゃんとさやこちゃんが先にとびこんで戸をしめてしまいます。一歩遅れたぼくに、

「あいことばー。ウルトラマン！」

ウルトラマン？　そんなのあったかなと思いましたが、ままよ、

「バルタン星人！」

とたんに足もとで、「あ、違うよ！」

と、これも遅れてきたきょうこちゃんの声です。

「あー、だめだな、杉山先生。入れてもらえないじゃないか。『ウルトラマン』って言われたら『ソーセージ』って言うんだよ。昨日、みちこちゃんとさやこちゃんと決めたんだ」

島の商店に「ウルトラマンソーセージ」という絵入りのソーセージが置かれているからなのだそうです。

「そうか。三人で決めたのか……」

ガラス戸の向こうでみちこちゃんとさやこちゃんは桟を押さえながらケラケラ笑っています。

「ええい、残念」

と、きょうこちゃんは地面をけとばします。

当然ながら、子どもたちはまた、ぼくの掌から出ていってしまいました。

絵文字をかく

年の暮に東京の実家に帰った時、『アメリカインディアンのえもじのえほん』(ロバート・ホフシンド、金石教子編、至光社)という本を見つけました。アメリカインディアンは文字を持たなかったので通信には絵を使っていたそうです。この本はそのインディアンの絵文字の一覧表です。(これはおもしろい)と買いこんで、一月からさっそくかぜ組で絵文字づくりを始めました。

最初みんなで絵本を見て、そのあと適当なことばをめいめいが絵にすることにしました。一回目、二回目はなかなか絵文字の意味が伝わりにくく、どの子もやたらとていねいな絵を描いていましたが、絵の巧拙でなく簡単で特徴をつかんでいるものを、くりかえしほめたりしているうちに、だんだんそれらしいものになってきました。

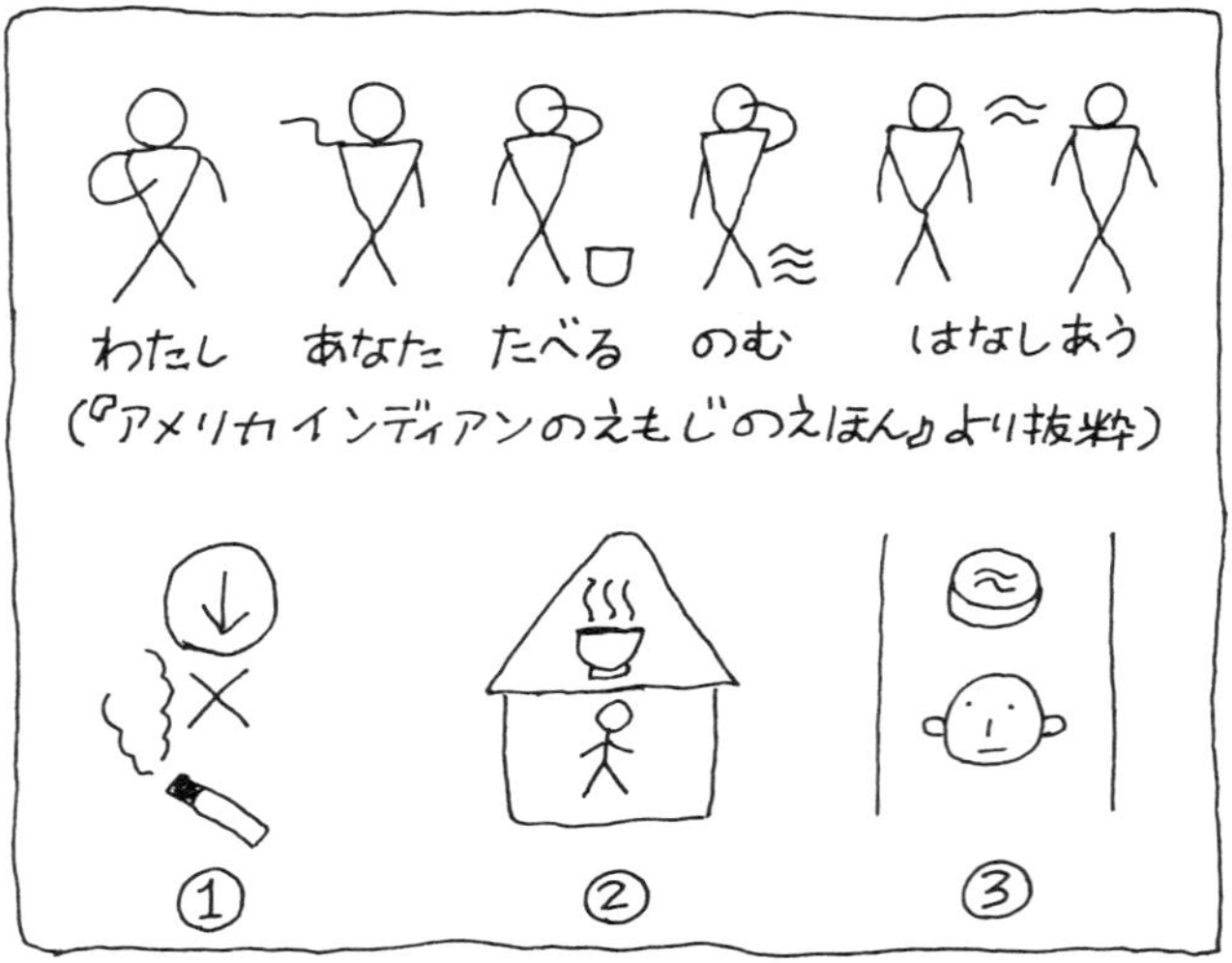

①はきょうこちゃん、さやこちゃんの「ここでタバコを喫ってはいけません」の絵文字です。誰が言いだしたのか、禁止は×印で表わすことになりました。「ここ」を下向きの矢印で表わすのはみちこちゃんの発明です。②はいがらし君、③はおさむ君で、ともに「おそば屋さん」です。

一回目の絵文字づくりで、「パン屋さん」という題の時には二人ともパンをたくさん描いていましたが、三回目でそれぞれこのスタイルにおちつきました。「どんぶり」が「そば屋」の象徴で、これを「さかな」といれかえれば「さかな屋」、「ニンジン」といれかえれば「やお屋」というわけです。

それから数日後、南山まで散歩にでかけま

した。南山までは片道一時間、宮塚山を巻いて途中標高三百メートルの峠を乗越します。かぜ組は遠出の散歩には慣れていて、山道を五、六キロ歩いても弱音ひとつ出ないし、南山往復だけならなんでもありません。のぼり坂を駆足であがってしまいます。

その帰り道、いがらし君が「描ける石」を拾ってアスファルトに絵を描きました。一本の前向きの矢印です。

「この矢印のとおり、進むんだよ」

「OK」

というわけで、いがらし君は常にグループの先頭を走り、次々に路面に矢印を描きはじめました。

「あれ、この矢印、右と左にわかれているよ?」

「そう、それはどっちへ行ってもいいの」

(なるほど)と、みちこちゃん、さやこちゃんと手をつないだぼくは、道を右に左にと動き、矢印がグルッとひとひねりしてあれば、その場でグルッとひとまわりして進みます。ぼくが路面のマークに忠実なのを見てとったおさむ君、もりやま君、きょうこちゃんが(これはおもしろい)と「描ける石」を拾って真似を始めました。

「この×はなに？」

「それは一回休み」

「一回休みってどうすればいいの？」

「そこでちょっと止まればいいよ」

これは季節がら、双六の影響です。

そのうちに「ここで三歩さがる」「ここでメガネをはずす」「ここでブタの真似をする」なんて変なのもでてきました。「ここでメガネをはずす」は、下向きの矢印・×・メガネの絵です。ぼくはメガネをはずさなければなりません。「ブタの真似をする」は、人間の顔とブタの顔を並べて描いて、人間からブタに矢印がひいてあるというものです。全員「ブーブー」と言いながら通りすぎます。

先を走って、ぼくが後ろから歩いてくるまでのわずかな時間に描くのですから、どうしても簡略な絵になります。それが逆に絵文字の精神に合致しました。雑でも、見る者がわかればいいわけです。

そのうちに舗装道路が終ってしまいました。

「これじゃ描けないよ」

「大丈夫、いい方法があるよ」

ぼくはあたりの枯枝を拾って進行方向に向けて置きました。とがっている方が矢印の先です。

「ね、こうすればいいよ。先に行って別れ道になったら、行く方に枝を置いといてよ。そうすれば迷子にならないから」

また何人かの子が先に走りだしました。


この絵文字づくりという遊びに、どんな意味があるのでしょう。親向けの「週刊かぜの子」を書く段になって、考えこんでしまいました。

絵文字というのは人間の表現方法が絵から文字に移る過渡期に現われたものと思われます。ですから「かぜ組の五歳児は、もうじき学校に行って、人間のもっともポピュラーで高度な伝達・表現方法である文字を習うわけですが、その前に絵文字というじれったいものを通過することで（ああ、もっと便利な表現方法である文字というものを学びたいなあ）という気持にして送りだしてやれれば、その好奇心と期待感によって、学校でも丸暗記の苦痛にあわないですむわけで、そのために絵文字を保育にとりいれることにしました」というふうに論をたてれば、一応意義づけはできるわけだよなと、長ったらしく考えました。

けれども、そういう風に強引に整理してみて、自分で自分の教師根性になんだか笑いがこみあげてきました。今、とりあえず「よかった」と言えることは、かぜ組の子どもたちが「描ける石」や「ロープの結び方」同様、またひとつおもしろい武器を獲得したということに尽きているのでした。

象になる

かぜ組でジェスチャーゲームをすると、本当によく当たります。演技は稚拙でも概念の特徴はちゃんととらえているからです。

「キリン」という題なら首に手をあてるだけ、「ゾウ」なら鼻を押さえるだけで、「お日様」なら両手の五本の指をいっぱいに開いて裏表と忙しく振るだけ――そのワンポイントで押しまくり、また答える側も当ててしまうのです。

「ことばと文字」にどっぷりつかっているぼくのような者からすると（演技する側も演技する側なら当てる側も当てる側だ。なんで鼻を押さえるだけで「象」になっちゃうんだ）と不満が残るのですが、しかしとにかく子どもたちの演技にはケレン味がないし、遊び自体にとまどいがありません。はたがどうこう言うことではないのでしょう。

次に体を使っての文字あそびをします。ぼくが黒板に「つ」と書いて「つ」と発音します。別に教えるわけではありません。ただ、ぼくは字が書けるので遠慮することはないし、字ってこんなもんだよ、とサラッとやります。

読める子も読めない子もいます。読めなくとも体で形を真似しようということならできます。ついでに「つ」という字に関心を示すならそれでも構いませんが、それはとりあえずどうでもいいことなのです。

とにかく黒板に「つ」と書きます。すると子どもたちは我先に床に寝っころがってエビのように体を曲げ、両腕をまっすぐ顔の横につけます。これが「つ」です。

それから「く」「へ」「し」など、一人でできる字をどんどん書いていきます。

「く」と「へ」は向きを変えても同じ形にはなりません。そこをちゃんと押さえたのはいがらし君とみちこちゃんで、床に横向きに寝て腕をまっすぐ上に伸ばし、腰から体全体を曲げたのが「く」、首の付根から曲げたのが「へ」、と使いわけました。

次に「い」とか「う」の、二人で組む字を書きだします。子どもたちは隣同士で組んで、並んで床に寝ます。

だんだん、ややこしい字が出てきて「す」は四人がかりとなりました。横線になる子が一人、その上に縦線になる子が寝て、残りの二人が強引に体を曲げて丸の部分を作ります。

するとそれを見ていたきょうこちゃんが、

「『す』は三人でもできる」

と言いだしました。

「へえ、やってごらんよ」

きょうこちゃんはすぐ床に寝て縦線になり、両手を真横に伸ばして横線も兼ねてしまいました。確かに一人分節約です。

「きょうこちゃん、頭いいー」

と他の子から声がかかりました。

すると四歳のこてつ君が、

「ぼくは一人でできる」

と言いだしました。

「えー？　本当？　やってごらん」

まんなかに出てきたこてつ君は床に立ち、両手をひろげ、右足をあげて爪先を左足の膝の横にくっつけました。鶴が立ったようですが、足の間にできた空間がちゃんと「す」の丸になっています。全員、大拍手でした。まだ、字を知らないこてつ君ですが、そういうことは関係ないのです。

「でも杉山先生。それじゃあ『ず』にはならないよね」

と、きょうこちゃんからクレームがつきました。

寝てやれば応援を二人だして「ず」にできるのに、こてつ君が立ったままするので濁点がつけられないねという意味です。

「そうか。『ず』にしてみようか。じゃ、こてつ君、『ず』にするよ。てんてんをつけるからね」

するとこてつ君はしばらくぼくの顔をみつめ、合点のいかない顔で自分の頭を二回叩きました。

「てんてん」

五歳児六人組は一斉に椅子からずっこけて大爆笑です。

ぼくの言い方が悪かったのです。なにを笑われているのかわからない本人が傷つかないよう、そしてぼく自身の笑いをごまかすために、ぼくは大急ぎでこてつ君を抱きしめてしまいました。

表現して遊ぶということでは、全員で車を一台つくったことがあります。必要なものはアクセル、ブレーキ、クラクション、ハンドル、ギアー、ワイパーとヘッドライトがふたつ、タイヤが二本で、子どもたちがそれぞれの役を決めます。ぼくは運転手です。「免許証を持っているのは杉山先生しかいない」という、みちこちゃんのありがたい提案のおかげで、一人だけいい役になりました。

椅子にすわったぼくを中心に全員が所定の位置につきます。もりやま君とさやこちゃんがぼくの足もとにうずくまり、三歳のやすまさ君がその間に立って両腕で丸をつくります。ぼくがその丸を握り、左の耳たぶをキュッとひねってキーをいれます。もりやま君の背中を右足で踏んづけます。

アクセル・スタート。

「ブーッ」と、もりやま君がどなります。両側のタイヤ二人がクロールのようにグルグル手を回します。

今度はさやこちゃんの背中を踏みます。「キィーッ」と声がしてタイヤは止まります。

ヘッドライト兼ワイパーの子は、ぼくにスイッチを切替えられるたびにピカピカあたりを照らしたり、硬直させた体を左右に動かしたりします。やすまさ君は鼻を押されるたびに「プップー」と叫びます。

ハンドルを左にきれば全員左に、右にきれば全員右に体を傾け、役を交替しながらその場からちっとも動かない車をみんなでいつまでも運転しつづけます。

また、象を一頭つくったこともあります。鼻の役が一人、おなかの役が二人、お尻の役が一人、計四人が手をつないで象になります。残った子は草です。ぼくのピアノが風の役で「ヒュー」ポロポロポロポロと吹いて、草をザワザワゆらします。

そこへ歩いてきた象が鼻で草をつかみ、口（鼻役の子の股の間）にポイと放りこみます。すると後ろのおなか役の子が、もみくちゃにして消化し、最後はお尻役の子が股の間から外にひねりだします。

外にだされた草はすでに糞ですから、もうピアノの風が吹いてきても動くこともできず、膝をかかえて床に丸くころがっていなければなりません。それでも象より草をやりたがる子がほとんどで、床はいつまでも糞だらけでした。

子ども自身が家具になって、おうちごっこをしたこともあります。知っている家具の名称をみんなで片っぱしから挙げ、何人かで組んでひとつひとつ演じていきます。犬小屋・犬・ソファー・テーブル・テレビ・水道・シャワー・浴槽・タンス・扇風機・時計・ドアー等々、ぼくのアドバイスはゼロです。

中で、みちこちゃんとまさえちゃんの二人でつくった冷蔵庫が傑作でした。みちこちゃんがドアーになり、まさえちゃんがその後ろに中腰で立っています。ぼくがドアーをあけると、まさえちゃんがすぐさま口をとがらせて「フウーッ」と息を吹きかけてきました。まさえちゃんは冷気になったのです。冷蔵庫をドアーと冷気だけで表現するような着想はぼくにはありません。アドバイスすればせいぜい何人かで四角い箱型をつくるくらいに終っていたでしょう。

三人組の洗濯機もよくできていました。きょうこちゃんが立って、前に伸ばした両腕で四角をつくり、その下におさむ君がすわっています。水道役のこてつ君の頭をひねって水をだし、「スイッチオン」と言ってきょうこちゃんの鼻を押すと、下の方でおさむ君がお尻を軸にして猛烈に回転します。洗濯機の特徴は「回転」というわけです。

また、トイレの役を買ってでたもりやま君は自分の体をきんかくしの形にすることに成功し、おもしろがってその上で大小便の真似をする他の子たちにおおいに受けていました。

特徴をズバッととらえた身ぶり表現は、へたな話しことばよりはるかに雄弁です。大人はどうしても「上手に話せるようになること」「きちんと書けるようになること」が子どもにとって、人間にとって、大切なことと考えてしまいます。しかし、そんなことは気にしなくとも、きっと大丈夫です。

ぞうきんをぬう

毎年一月になると、かぜ組の年長児は昼寝がなくなります。入学を間近に控えて、睡眠を一日二回から一回の生活リズムに切りかえていくためです。

そうはいってもタテマエには違いなく、三月まで昼寝しても一向にかまわないのですが、とにかく一年目にそうしてしまったために、以後年長組になった子が全員「お正月からは昼寝がない。ワーイワーイ」と早くから心待ちにするようになり、今さら変えようもなくなってしまったシステムです。今年もいがらし君、もりやま君、おさむ君、みちこちゃん、さやこちゃん、きょうこちゃんの六人が大喜びしています。子どもが保育園を嫌がる理由のアンケートをとったら、たぶん一番に来るのが昼寝でしょうから、これは当然でしょう。確かに「本人の意志」

よりも「客観的な発達概念」を重視して昼寝を強制する方がおかしいのです。

一方、職員側はきつくなります。特に年長児かぜ組を受持つぼくの場合、朝から立ちづくめで動きまわって、子どもたちが寝ついた昼下がりにようやくお茶をすすりながら休息をとるというそれまでのスケジュールが崩れ、まさにぶっ通しとなります。

さらに午後用の保育内容を考え、準備もしなければなりません。たっぷり二時間熱中でき、しかも寝ている子が隣の部屋にいるから騒がしくしてはいけないという条件つきの保育課題を連日用意するのは、決して楽ではありません。

そこでぼくの休息時間をつくるためにと、はな組の池田さんとほし組の三森さんが週一日ずつ、午後のかぜ組をひきうけてくれることになりました。それも、せっかくかぜ組を持つのなら、ふだんぼくのやらないスペシャル保育をというわけで、火曜日は池田さんの裁縫教室、金曜日は三森さんのお菓子づくり教室の看板をあげることにしました。

まず最初の火曜日です。ぞうきんを縫うのだそうです。

ぼくは時折事務室から顔をだしてひやかすだけですが、まず針に糸を通す所からみな苦労しています。そのかわり、畳屋縫いの最後の結びはどの子も上手なものです。それまではただおもしろいから遊んできただけの「結び」のテクニックが、はじめて役立ったのです。

脱線しますが、島に暮らしていると漁師・釣人が身近な存在ですから日常いろいろな結び方に接します。赤銅色に日焼けした老漁師が目の前でロープをキュッキュッと見たこともない結び方をしているのに出合うと、なんともかっこよくうらやましく思えます。そこで頼んで教えてもらい、その場はできるようになるのですが、特殊な結び方は使い道もないからかすぐ忘れてしまいます。それでもこういう技術を習得しておくことがとてもスマートに見え、いつか役に立つこともあるだろうとも思うので、なんども挑戦します。

自分に興味があるから、子どもたちにも固結びと蝶結びの習得をこの秋から課しました。向かいあって一対一でなんどもなんども同じことをくりかえし、何日もかけて一人ずつできるようになっていきました。

最後までできなかったのはおさむ君で、何回やっても蝶結びの蝶の羽が羽にならずに抜けてしまいます。いいかげん本人が腹をたてはじめたところで、本をかたわらに一本のロープを目の前で縄梯子に仕立ててみせました。ぼく自身、つくりながらこんな結び方を考えた先人の知恵に舌を巻きましたから、見ていたおさむ君の方はもっと感動したでしょう。(ここだ)と思うから、自分の感動は殺して縄梯子を肩に、

「さあ、ターザンやりに行こうか」

とサラッと言ってやります。

日ならずして、おさむ君も蝶結びをマスターしました。そういう体験が裁縫教室の「トメ」で応用できたのです。

うずまき状だの放射状だの、何日かかけて数枚のぞうきんを完成させると、今度は刺子の壁飾りを作りはじめました。布地に思い思いの絵を描き、色糸を使いわけて刺繍します。裏に厚紙を貼って、三月にはなかなか立派な壁掛けができました。

一方、お菓子づくりの方は給食室のオーブンを使って、初日のホットケーキをかわきりにクッキー、パン、クレープと毎回いろいろつくってくれました。それにホイップした生クリームをのせて、昼寝から起きた子たちのおやつにします。

二時間かけてつくったものを小さい子たちが一口で食べてしまうと、少しずつちぎって口に運んでいたおさむ君は、

「もっとゆっくり食べるんだよ」

と不平を洩らします。

「ふだんのおやつの時は、自分こそ一口で食べて外に飛びだして行くのに」

と三森さんとぼくは笑います。

考えてみれば炊事・洗濯・掃除・裁縫等いわゆる家事仕事のほとんどが、そのまま保育内容になりえます。ぼくの知っている保育園で、保育室にアイロンを置いている所があります。汚れたハンカチやタオルは、普通は家に持って帰りますが、ここでは子どもたちが自分で洗い、アイロンをかけて翌日も使うのだそうです。また、流しの横には電熱器があり、湯を沸かして、園児同士が応接セットに座って紅茶を楽しむこともできます。

針、オーブン、アイロン、電熱器……どれも使い方を誤れば危険なものです。しかし、道具とはすべて便利と危険のバランスの上に成りたつものです。道具を使いこなすということは、その関係を丸ごと押さえることに他ならないでしょう。

すべて一般教養課程のような保育内容の中に、裁縫教室・お菓子づくり教室のような講師の好みを活かしたミニゼミナールをどんどんとりいれていきたいと思います。なんといっても、今回決定的に重要だったのは、二人の保母が手芸とお菓子づくりを個人的な趣味として持っていたことでしょう。二人の家にはそれぞれ、ぼくには使い方のわからない用具がいくつもあって、休日には勝手に楽しんでいるのです。

裁縫教室もお菓子づくり教室もぼくには意表をつかれるものでした。男であるぼくのこれまでの暮らしの中に、よくも悪くもそれらはすんなり重なってこなかったからです。

もっともそういうジャンルがあることに気がつけば、ぼくだってそれを保育に取りいれることはできたろうし、参考書に頼りながらでもなんとかこなせたでしょう。けれども、どう逆立ちしても池田さんや三森さんの保育よりもおもしろく濃密な時間は作りだせなかったはずです。残念ながらぼくには手芸やお菓子に対する思いいれが二人ほどないし、その雰囲気が子どもたちに読みとられないはずはないからです。

「教えるプロ」としての自分を優先させて個を殺し、なんでも平板に押し進めるよりも、正しく自分の趣味を伝え、苦手な分野は「これはぼくにはよくわからないから、あっちの先生に訊いてよ」とか「よくわかんないから、一緒に調べような」とか言える自分でありたいと思います。なんにしても本人がおもしろいと思ってやることこそ、子どもに伝染するものです。それは「ここで子どもをおもしろがらせよう」という角度で保育課題を考えるよりもはるかに楽で、しかも正道のはずです。

カンナンボーシをおそれる

昔、大島の泉津部落に悪代官がいて住民を苦しめていました。それに堪えかねた部落の若い衆たちが、ある時ついに立ちあがり、共謀して代官を殺してしまいました。

若い衆たちは代官所の追手を逃れて、小舟で海に出ました。その舟を利島に漕ぎよせて、上陸させてほしいと頼みましたが、事情を聞いた島側は後難をおそれてそれを許しませんでした。しかたなく若い衆たちは舟を新島へ向けましたが、ここでもかかわりを嫌った島人たちに拒まれ、上陸できませんでした。

すっかり疲れきった若い衆たちの小舟は、そのためにあてもなく海上を漂うことになりました。やがて風が強まりだし、とうとう小舟は波間に沈んでしまいました。

その若い衆たちの亡霊がカンナンボーシとなって、忌日になると夜の海から島に上ってくるのです。

これが利島・新島に伝わるカンナンボーシの伝説です。以来、島では忌日とされる一月二十四日には漁をひかえ、夜は家に閉じこもって外出してはならないならわしが今だに続いています。

語源はおそらく海難法師のなまったものでしょう。

利島で初めてこの話を聞いた時から、えらく興味をひかれました。冬、西風が吹けば利島沖は水平線まで真白く泡だつほどに荒れます。その波と、深夜に小舟で格闘する幽鬼のような若い衆たちという構図に想像力をかきたてられます。

「地域全体が大人・子どもの別なく、抵抗できないひとつの神秘をおそれる」という型の伝説で、「いじわるじいさんはその報いで牢屋に入れられてしまいました」式の結末も教訓もありません。まだ中央に拾われず、脚色されていない言いつたえなのです。しかもそれがすでにすたれた風習だったり、意図的に復活させたものでなく、脈々と島に息づいているとなれば、「迷信だ」などとしかつめらしいことをいわずに、当然ぼくは大々的に保育にとりいれることにしました。

まず当日までに数軒の家を回ってカンナンボーシに関する話を聞きこみました。みな、少しずつ違うのですが、最初に紹介したのがほぼ定説です。

中に一軒、「カンナンボーシの歌」を教えてくれた家がありました。おじいさんが子どもの頃、歌ったのだそうです。

カンナンボーシ　ヤーラージ
ヤーラージにヌーテッポー
ヌーテッポーにヒャクゴロウ

これだけの唱え歌で、意味は不明です。「島に害をもたらす悪霊の名を連ねたものだろう」と解釈してくれた人もいました。

さっそく保育園で口ずさみます。子どもたちが覚えるまでに三日もかかりませんでした。二年目からは教えるまでもなく、カンナンボーシの日が近づくとみな勝手に歌っています。

次にカンナンボーシのスタイルですが、これがまた百人百説で、しかもどれも異様です。

丸木舟に赤い帆をあげてやってくるという説。

赤い衣を着てタライに乗ってくるという説。

オカマをかぶってやってくるという説。

最後の説を教えてくれた新島の友人は、だから小さい時、「花いちもんめ」の「オカマかぶってちょっと来ておくれ」という歌詞がこわくて仕方なかったそうです。

とにかく顔もわからないのになぜか赤のイメージだけがあります。その晩、真暗な夜の海に赤いものが見えて、ギィギィと艪の音だけが段々近づいてくるというのですから、確かにこわい。カンナンボーシの絵の一枚でもあれば、概念ができるので多少おちつきますが、なにも枠がないだけに想像はこわい方へ、こわい方へとどこまでもつっぱしってしまいます。

で、一人なのか複数なのかは知りませんが上陸してきたカンナンボーシは、島人を海にひきずりこむために島内を徘徊し、人家に入りこもうとします。それではたまらないので島人は玄関前の地面にトベラの枝をつきさし、窓にはノビルの葉をさしこんでおきます。ちょうどドラキュラとニンニクの関係のように、悪臭のあるトベラとノビルを嫌うカンナンボーシは入ってこられないというのです。

そのトベラとノビルを取りに行くのも、一月二十四日のかぜ組の仕事です。

ノビルはどこにでも生えているわけではなく、椿の若木の畑の周辺にチョボチョボッとあります。コツを知らずにやみくもに探しても見つかりません。ようやくぶつかると子どもたちは我勝ちに取りだします。たくさんあればあるほど安全だと思っているのです。

「先生、こんなに取ったよ」

「先生、これくらいでいい？」

「まだまだ。はな組・ほし組のも取らなきゃならないし、みんなのだってあとで同じにわけるんだよ」

「うへー、おちびさんたちのも取るのか。そりゃ大変だ」

と、もりやま君が向こうの原っぱに偵察にでかけます。

おさむ君がしみじみ言いました。

「ねえ、先生。カンナンボーシにいじわるしたのは昔の利島の人たちでしょ？」

「うん、みんなのおじいさんのおじいさんのそのおじいさんくらいの人たちかな」

「それなのに、なんでぼくらを海に連れていこうとするの？」

「まったくだなあ、カンナンボーシもわかってないなあ」

宿罪としか言いようがありません。

その日の帰りがけ、ぼくは真顔で言いました。

「みんな、保育園から帰ったらすぐに窓や玄関にトベラとノビルをつけること。小さな窓も忘れないこと。今日はもう家から出ないこと。おとうさんやおかあさんが夜、外に出ようとしたら絶対止めること。夜の海に連れていかれたら冷たいし、浮輪はないし、必ず死んでしまうから。いいね」

子どもたちは目を宙に浮かせたまま、深々とうなずきました。そのあと、これも真顔の二人の保母からトベラとノビルを受けとり、茎を鼻にあて、異臭を確かめると大事に握りしめて帰っていきました。

その日、夕方までに島中のどこの家にもトベラとノビルが飾られました。保育園の子どもの家はとくに念入りです。それを横目にニヤニヤしながらぼくも家路につきます。もちろん、その晩は外出しません。

一夜、明けた保育園。

登園してきた子に、「おはよう」代りに「お、生きてた?」と声をかけます。伝染して先に来た子が後から来る子に、

「生きてた?」

「うん、生きてた！」

「生きてた！」と、ついには抱きあって飛びあがる二人組もいます。

こてつ君が報告にきました。

「杉山先生、うちのおかあさんね、昨日暗くなってから買物に行ったんだよ！」

「ええ！　どうして止めなかったの！」

「ぼくがね、止めたのにね、『大丈夫』って行っちゃったの！」

「あぶない、あぶない。それは本当に運がよかったんだよ。見つかったらそれまでだよ」

と、ぼくはどこまでも本気です。

「カンナンボーシなんてほんとはいないんだよ」

などとはまちがっても言いません。解説しない方がいいものが、まちがいなくあるに違いないからです。

鬼とたたかう

カンナンボーシが終るとすぐ節分になります。今度の敵は宮塚山の鬼です。利島保育園の鬼フィーバーは盛大です。昼と夜の一日二度も鬼が出ます。

そもそもはぼくが初めて島に渡った年のことでした。節分を前にして、その盛りあげ方を職員間で検討しました。一月下旬から「豆まきの歌」をクラスごとに歌って覚え、二月一日はクレヨンで鬼の絵を描き、二日は折紙で豆を入れる升をつくるという具合にスケジュールを組みました。

三日の本番は、ただ外に向かって豆をまくだけではおもしろくないので、島の若い衆に頼んで鬼の面をかぶって来てもらうことにしました。まずみんなで「豆まきの歌」を歌い、豆まきの由来についての紙芝居、鬼についてのお話、そこへテラスから鬼が登場、全員で豆をぶつけて追いかえすというのが当日のプログラムです。

鬼を子どもたちにどう語るかについては、「あとかたづけをしない子や好き嫌いばかり言ってる子を、山に連れて行って、鬼の仲間にするために来るってことにしたら」という意見が最初は出ました。

「でもさあ、鬼をしつけの一環として利用するのはやっぱりよくないんじゃないかなあ。ぼくら（職員）と鬼が同じことを言ってたんじゃ、ぼくらが鬼みたいだしさ。後かたづけをちゃんとすれば連れていかれないっていうんだと、豆をぶつける必要もなくなっちゃうし、『いい子』はさらっていかない鬼なんて、存在感も価値もないんじゃないかなあ。善とか悪とかに関係なく無差別に襲いかかってくるってことでさ、そこからあとはよくわからないから子どもの想像にまかせちゃおうよ」

ぼくの無責任な意見を認めてもらって、「とにかく鬼は宮塚山からやってきて、子どもを連れていってしまう神秘的な存在。あとは説明しない」ということにおちつきました。

しかし、せっかく鬼についての見解をだしてみたものの、当日の鬼を見ればそれもひっこめざるをえませんでした。そもそも闇の世界に生きる鬼が、朝の十時頃に出てきて「神秘的」も

「存在感」もあるはずがなかったのです。誰が見ても紙のお面をかぶった人間ですし、適当に子どもたちと立ちまわりを演じた後、お面をとって、

「アハハハハ」

「あ、役場のおにいちゃんだ！」

となりました。

もちろん、これはこれで愉快なのですが、鬼に思い入れがあるぼくとしては満足できません。思いついて急拠、親たちに連絡を流しました。

「今夜七時半から八時半の間に一軒一軒、鬼がまわります。ぶつける豆を用意しておいてください」

その晩友人と二人、鬼の面をかぶって子どもの家におしかけていきました。

「(ドンドンドン)ウォー、あけろー。この家には子どもがいるそうだ。連れていってやる。ウォー(ガラガラガラ)。宮塚山からやってきた赤鬼だー。ウォー」

親は承知でも、子どもには不意のできごとです。しかも懐中電灯がなければ一歩も歩けない利島の夜の闇の中からいきなり鬼に声をかけられたのですから、格好の肝だめしとなりました。

なんとか豆をぶつけてくる子、親の後ろに隠れる子、棒立ちの子、こたつの中にもぐったきり

出てこない子等々いろいろです。

次の日、保育園は朝から鬼の話でもちきりでした。ショックで親のそばを離れられずにお休みする子まで出て、親は参ったでしょうが、こちらは内心してやったりというところです。もっと内緒の話をいうと、年に一回くらいこちらが公然と子どもを泣かすことができるのも、実は悪い気がしないのです。

少々理屈っぽくなりますが、ぼくにとって鬼とは、「光の世界に住む人間に対して、闇の世界を根城とする永遠の復讐者であり、少数派」です。けれども今、ぼくたちが絵本やお話を通じて最初になじみになる鬼は、作者の心遣いからかまったくすごみがありません。オバケで泣く子でも鬼の話では泣きません。語られすぎ、時にユーモラスですらある鬼は、すでに想像を働かせる余地のない安心できる存在であり、ぼくたちにとって夜の夢の中で抗争を試みる相手ではなくなってしまったのです。

利島の節分の夜に現れる鬼は、実在の姿をほんの三十秒ほど垣間見せ、子どもたちに四の五の言わせず、もう一度闇の世界への逆行を要求します。再び子どもたちを想像と現実、既知と未知の錯綜するややこしい世界にひっぱりこもうとするのです。その混乱がなにを生みだすのかはわかりません。とりあえず「おもしろいことはたくさんあった方がいいよね」と、ごまかしてしまいます。

この夜の部も好評で、以後昼間の部とともに恒例となりました。翌年からはお面をやめて、顔に直接原色のポスターカラーをぬってすごみをだし、登場者も鬼が二匹に福の神が一人と増え、ますますエスカレートしました。

ぼくが福の神です。子どもたちが豆をぶつけて家から鬼を追いだしたあと、一呼吸置いて入っていきます。

「ごめんください。(ガラガラ)えー、福の神でございますよ。えー、このたびは鬼を追いだされたそうで、おめでとうございます。(ピラピラと紙吹雪をまく)この家に今年は良いことがありますように」

と右に左にハタキをふりまわし、マジックインキで表面に「福」と書いたミカンをひとつ、玄関先に置きます。

顔面に肌色の絵具、両ほほに赤丸、八の字ひげのぼくのメーキャップに、また化物と思ったか豆をぶつけてくる子もいましたが、大方はありがたく迎えられ、中には「ハハー」と平伏する親もいます。うまいものです。ぼくと親とが以心伝心で調子をあわせなければ子どもはうそを見破ってしまうし、大人たちがその場で立体劇をつくり、子どもを包みこんでしまうことではじめて、鬼も福の神も生きだすのです。

それでも、どんなに上手にやっても、昨年、一昨年と鬼体験を重ねてきた今のかぜ組ともなるとメンツにかけてもこわがったりはしません。逆に、「鬼は杉山先生ではないか？」と疑い、正体をつかみにかかってきます。翌日の保育園では、

「絶対そうだ。夕べ来たのはあれは杉山先生だった！」

の大合唱となりました。もちろん、ぼくはシラを切りとおします。

「ぼくが鬼のわけないじゃない。夕べはずっと家でテレビ見てたもの」

ぼくが強硬に否定するので、（やっぱり違うのかな？）と揺れだす子も出てきます。

わかってもいいかなとは思うのです。かぜ組の子たちにとって信ずるべき鬼は消えてしまっても、今度は「うそと察しつつ、それを楽しむゆとり」のようなものが生まれてきてもいるからです。子どもたちは鬼がぼくであろうと察しつつも精一杯豆をぶつけてくるし、ぼくはぼくで本気でうなり声をあげます。ぼくと親がつくりだす、観客のいない、自分が演じて自分が楽しむための即興劇に、子どもたちは自らも役者として参加してくるようになったのです。こちらも鬼になりきって金銀テープを巻いたバットをふりかざしつつ、（いやー、成長したもんだ）と、ひそかに舌を巻くのでした。

II

「ねえ先生、海の向うにはなにがあるの？」
「そりゃあ熱海の船着場だよ。」
（わたし、おさむくんはそういうことをきいてんじゃないって思うな。）

いたずらをしかける

新島は面積二十二平方キロ、人口三千、伊豆諸島の北から数えて三番目、大島・利島の次に位置する細長い島で東海岸には純白の砂浜がえんえんと続き、夏はサーフィンのメッカとして知られるところです。利島と違って山地は南と北に偏り、中央部の平地には特産の抗火石づくりの白い家並が密集して連なっています。

その新島の、新島村立新島保育園に十二月から五月までの半年間、臨時職員として入りました。新島保育園は三歳から五歳までの子どもが百二十人、職員十三人の大所帯です。ぼくの受持ちは四歳児うさぎぐみ三十八名。主任保母のナナ子さんと一緒です。

ここの園では夏頃から五歳児こぐまぐみの昼寝がなくなります。すると今までその時間帯に交替でとっていた担任保母の休憩時間がまったくなくなってしまいます。そこでこぐまぐみの担任に一時間の休息を保障するために、各クラスの担任が何日かに一回ずつの順番でこぐまぐみの部屋に出向いていきます。利島保育園と同じシステムです。

さて、ある日ぼくが当番でこぐまぐみに出張した時のことです。

新島保育園は広いので、各保育室ごとに事務室に通じる室内電話がついています。こぐまぐみの子どもたちと部屋でひとしきり遊んだのち、

「ねえ、この電話を使ってひとついたずらをやろうよ」

と、もちかけました。

「うん、やろうやろう」

となって、ぼくが受話器をとります。

「もしもし、事務室ですか。大変、大変、今、子どもがさ、一人倒れちゃった！　大急ぎで来てよ！」

ガチャン！

しばらくして遠くの方から保母たちが廊下を走ってくる音が聞こえてきました。

「来た、来た。用意はいいかい？」

「うん」

「クスクス」

「シーッ」

ガラガラッ！

「どうしたの！　誰がケガをしたの！」

こぐまぐみの担任の勢子さん、山本さん、電話口に出たナナ子さんが飛びこんできました。

保育室の中央に子どもたちの輪が出きています。保母たちが驚いて後ろからのぞきこむと、真ん中に子どもが一人倒れています。

「まあ、どうしたの！　大丈夫！」

と、子どもをかきわけて保母たちがひざまずきます。

頃合いは良し、ぼくがサインを送りました。とたんに真ん中でパチッと目をあいた子が「アッカンベー」とやりながら起きあがりました。同時にまわりの子たちの大爆笑が起きました。

保母たちも思わず笑いだしてしまいました。

もちろん、ぼくが他の保母たちと親しくしていたからできたいたずらです。保母室のこたつで横になっていたという山本さんは、「気持よく寝ていたのに、起こされて損した」

としきりにぼやき、電話口に出たナナ子さんに、

「杉山先生と担任くんでるのに、なぜそれくらいのうそが見破れないの」

と、やつあたりしています。

で、あまりセンスのよいいたずらではありませんでしたが、とにかくこれがこぐまぐみの子どもたちの「いたずら探し」の口火となってしまったのです。ターゲットはぼくとうさぎぐみ、後ろで煽っているのは報復に燃える山本さんです。

次の日のことです。新島保育園では、昼寝は保育室ではなくホールで全クラス一緒にします。ですから、うさぎぐみと三歳児のひよこぐみは給食を済ますとクラスごとに揃ってホールに移動します。

で、いつものようにぼくがうさぎぐみの子たちとホールに入ろうとすると、戸の上になにかはさまっています。「黒板消し」の古典的ないたずらでした。もちろん、ひっかかるわけがありません。

うさぎぐみの子たちを廊下のはずれまでバックさせて様子をうかがっていると、そこへ事情を知らない他の保母がやってきて、戸の陰に隠れて（まだ来ないか、まだ来ないか）としびれを切らしていたこぐまぐみの子どもたちを発見してしまいました。

「あんたたち、昼寝がないのに、こんなところでなにやってるの！」

怒られて子どもたちはあわてて逃げて行きます。クスクス笑いながらすれ違い、改めてホールに入りました。

その次の日です。また、うさぎぐみの子どもたちと一緒に昼寝のためにホールに入りました。今日は「黒板消し」などありません。

「さあ、じゃあみんな、自分のおふとんに入って」

カーテンをひいて暗くしたホールの中で、子どもたちがそれぞれの寝床に行こうとした時です。あちこちでふとんが一斉に動きだしました。「キャッ」と悲鳴をあげる子もいます。

なんと、こぐまぐみの子どもたちが先にホールに入り、一枚に一人ずつ、ふとんの中にもぐりこんで待っていたのでした。

「ええっ？」

こちらがびっくりしている間にみんなふとんをはねあげると、得意満面で飛びだしていってしまいました。やられました。

ふとんの上で遊ぶのはこの園では禁止されています。ですから、他の保母にみつかれば叱られるに決まっています。その危険を犯していたずらを仕掛けた子どもたちと、その気持をくんで見て見ぬふりをした山本さんのこれもいたずら精神に、一本取られたわけです。

　そこでお返しです。おやつの時間、うさぎぐみの分と一緒に、こぐまぐみの分のおやつもお盆ごと給食室から持ってきてしまいました。そうとは知らないこぐまぐみは、いつものように「お当番」の子がおやつを受けとりに行きました。

　ところがぼくのいたずらとは知らない給食のおばさんに、

「もう、持っていったよ」

　と言われてすごすご引き返します。手ぶらで戻ってきた当番の子を見て（なにをウロウロしているんだ）と、今度は山本さんが取りに行きました。またまた、

「もう、持っていったよ」

　と言われて（ありゃ、勢子さんが持っていったかな）と部屋に引きかえします。やっぱりおやつはありません。子どもたちはすでに全員席について、机の上のおやつのお皿が置かれるべき空間を見つめています。あわてて再び給食室に行き、

「誰が取りに来たの？」

「杉山先生よ」

「なんで杉山先生がうちの組のおやつを運ばなきゃならないの！」

と、ようやくばれました。

この間の行ったり来たりを、ぼくはうさぎぐみの部屋の窓からニヤニヤしながら眺めていたのです。

ただちに山本さんがこぐまぐみの子どもたちをひきつれて乗りこんで来ました。「やっちゃえ！」とケンカが始まります。もちろん互いに冗談と承知していますから、その模擬ケンカを楽しみ、適当なところでおやつを渡して退散してもらいました。

さてそれから数日後、こぐまぐみの子どもたちは午後の散歩に出かけました。ところが途中で誰かが、

「ぼくたちもうじき卒園だから、最後にいたずらをしたい」

と言いだしたのだそうです。全員賛成で急拠散歩をとりやめることにし、作戦を練って園に引き返しました。標的はもちろん、そんなこととは露知らずにうさぎぐみの添い寝をしているぼくです。

計画は、うさぎぐみが昼寝から起きてホールで着替えている間にうさぎぐみの部屋に隠れ、こちらが部屋に入った瞬間に一斉に飛びだしておやつの席に座り、こちらの驚く顔を見ようというものです。こぐまぐみの子どもたちはえらくこの計画が気に入ったようで、山本さんなど

は（今日に限ってうさぎぐみの着替えが遅い）と隠れて待ちくたびれた子どもの命をうけて、ホールまで着替えを手伝いにやってくる有様です。

ところがせっかくですが、ぼくは、気配でこの計画に気づいてしまいました。そこでうさぎぐみの子どもたちを連れて自分たちの部屋は素通りし、あっけにとられる山本さんを尻目に、からっぽのこぐまぐみの部屋に入っていきました。

「今日はこぐまぐみの部屋でおやつにしよう」

年長のこぐまぐみのおやつの方が、ビスケットなら一枚か二枚ぐらいの割でいつも余分についています。すでに用意されてあったおやつを見て（こりゃあいいや）とうさぎぐみの子たちが席に着きかけたところで（大変、大変）とこぐまぐみの子たちが駆けこんできました。ちょうど、向うが出撃している間に手薄の本陣を急襲した格好です。

この間のいたずら合戦は、ぼくと山本さんのフィーリングが合ったからできたことでした。火をつけたのはたまたまぼくであっても、それが最後のいたずらのように全員合意でスケジュールを変更するところにまで大きくなったのは、権威くささのない山本さんが園生活上の常識・非常識を越えて子どもたちの意向を尊重しえたからです。だからこぐまぐみの子どもたちは背後になんの不安もなく、ぼくという一人の大人をひっかける作戦にエネルギーを傾けられたのに違いありません。

「規律正しい」生活を送る園では子どもはいたずらしたくともできないし、しめつけられる生活が続けば「いたずら」というものがあること自体を忘れてしまいます。たまに保育内容の中でのみ、「さあ、今日は『いたずら』を考えてみましょう」と、まじめな保母から促された子どもたちになにができるでしょう。「うそ」や「いたずら」は「自由な生活」を計るリトマス試験紙の役を果たしているのかもしれません。

カッパをさがす

伊豆大島は面積九十一平方キロ、人口一万一千、三原山と波浮《はぶ》の港で全国的に名の知られた島です。利島とは海を隔てることほんの二十五キロに過ぎませんが、船と飛行機によって本土としっかり結ばれ、住んでみると島で暮らしていることを忘れてしまうほどの広さがあります。

島の集落は岡田を中心とする北部、元町を中心とする中部、差木地《さしきぢ》を中心とする南部に大きくわけられ、保育園も町立が六ヵ所、教会が経営する私立が二ヵ所あります。

その大島の町立差木地保育園に、夏場の四ヵ月間だけ臨時職員として入ることになりました。保育園には一歳から五歳まで七十人の子どもがいます。ぼくは四歳児ひまわりぐみ二十五人を保母の村上さんと二人で受持つことになりました。

さて、そろそろ水遊びの始まる七月のある日、水辺に一人で近づいては危ないという注意をこんな風にしました。

「ねえみんな。一人で水のある所へ行っちゃだめだよ。水の中にはカッパがいてね、お尻の穴から手をつっこんでタマを取っちゃうから」

子どもたちはポカンとし、数秒おいて歓声をあげました。「先生」の口から「お尻の穴」「タマ」ということばが出たのに、まずびっくりしたようです。

「あれえ、カッパ知らない子もいるのかな？　水の中に住んでてさ、頭のてっぺんにお皿があってね、体は緑色で背中に甲羅があるんだってさ」

もちろん、ぼくも伝聞形式でしか話せません。

今度はクラス内がシンとします。その場の思いつきで言ってみただけのカッパですが、おおいに子どもたちの関心を買いました。（よし、これはひとつ、カッパに凝ってやろう）と、それから数日はことあるごとにカッパの話をしました。

たとえばお昼過ぎの、ふとんも敷きおわって大半の子はパジャマに着替えたけれど、まだ何人かの子は給食を済ませていないので昼寝には入れないという雑然とした時間です。

「カッパの弱点！　頭のお皿の中に入っている水ね、これがカッパの力のもとなんだ。で、これをこぼしちゃえばカッパはとたんにヘナヘナになっちゃうんだってさ。だから、もしカッパに会っちゃったら、とにかく体当りしてひっくり返して、頭の水をこぼしちゃえばいいんだ。ね、練習しよう」

丸めて立てたふとんをぼくが支え、それに子どもたちがタックルします。長い行列をつくり、一人ずつ部屋の長さいっぱいに助走をつけて肩口からぶつかってきます。

空いた時間にはぼく一人でオルガンにむかい、「カッパの歌」を歌います。直接教えようとは思いませんがＢＧＭとして流しているうちに、何人かはメロディーを覚えて口ずさむようになりました。

粘土をしている子には、

「なに作ったの？　怪獣？　自動車？　カッパ？」

絵を描いている子には、

「お、きれいに緑色にぬったね。カッパの背中もこんな色なんだろうなあ」

と、すべてこの調子です。で、せっせと環境づくりをしたところで村上さんに相談を持ちかけました。

「ひまわりぐみ全員で『カッパの水』に探検に行きませんか？」

「カッパの水」は、保育園から車で十分くらい、大島の南部と中部を結ぶ都道の中間にある沼です。道から木の間越しに見下すことはできますが、周囲に人家もなくひっそりとしています。一年中水枯れしないそうですが、何かに使われているわけでもなし、観光名所でもありません。ただ、「カッパの水」と書いた立札が立っているので、前から気にはなっていたのです。

ここに子どもたちと一緒に行こうよという提案に、村上さんも大乗り気です。車の手配や準備の都合があるので早々に日程を組み、八月十三日をカッパ探検の日と決めました。

それから連日、子どもたちを煽れるだけ煽り、八月に入ってすぐ、村上さんと下見に出かけました。沼までの三メートルほどの崖はロープで下りることにし、ザリガニがいるようなのでカッパ探しのあとはそれを釣ることにしました。当日いくらこちらが上手に演技しても、「カッパ、カッパ」とあてもなくウロウロするだけで一日時間をつぶせるとは思えないので、これは助かります。さっそくザリガニ釣り用に、人数分の棒・糸・網・バケツ・餌の手配をすることにしました。

本番の三日前、どこで調べたのか園長が「カッパの水」の伝説を書きだしてきてくれました。なにか謂われがあるはずだとは思っていましたが、村上さんが手回しよく園長に頼んでおいてくれたのです。さっそく昼寝の時、文語のメモをぼく流に直しながら子どもたちに話しました。

昔、野増《のまし》（カッパの水の北側山下の部落）に大滝小滝という名の二人の美しい姉妹が住んでいました。

ある日二人はいつものように山に薪を取りに行きました。ところがどうしたことか、その日に限って二人は道に迷ってしまい、山の中をあてどもなくさまよいました。

そのうちに二人は見知らぬ沼のほとりに出ました。沼は大変きれいだったので、のどが乾いていた姉の大滝はその水を一口すくって飲みました。するとどうしたことか、とたんに大滝の姿は沼の中に吸いこまれて見えなくなってしまいました。おどろいた小滝はあわててその場を離れ、ようやくのことで野増の家に戻りました。

大滝小滝の父親は神社の禰宜《ねぎ》でしたが、娘の話を聞いておおいに怪しみ、小滝を道案内にその沼を訪れました。沼のほとりに立つと父親は大声で叫びました。

「おーい、沼よ。わしの娘の大滝をどこへやったー」

すると沼からカッパの声がしました。

「おまえの娘はわしの沼の水を汚した。だからこの沼にもらったのだー」

それを聞いた父親はその場で答えました。

「それでは、これからはこの沼の水は飲まない、使わない、涸らさない。このことを部落中に申し伝えよう」

この沼が今の「カッパの水」なのです。

これが子ども向けに書き直されると、最後の父親のセリフのあとで大滝が返されるとか、人間側が知恵を使ってカッパをこらしめるとかの線に大体なるのですが、まったく手つかずの昔のままの伝説なのでそんなことはありません。沼から聞こえてきた声をカッパの声だと勝手に決めてしまうのも変な話ですが、とにかくそれ以来この沼は「カッパの水」と呼ばれ、確かに今日まで、飲まれることも使われることも涸れることもないままできています。

翌日、春から村上さんが発行している週刊ひまわりぐみ通信「なかま」に、「カッパの水たんけんについてのお知らせ」を載せました。

「一人で水に近づいちゃいけないよ。なぜかっていうと……」と園で話したことから、クラスでカッパの存在が話題になりました。「カッパはどんな格好をしているか」「弱点はどこか」などということから始まって、「そもそも本当にいるのか」となり、とうとう「カッ

パの水」に確かめに行くことになりました。（中略）
イメージを自分でふくらませて、想像力を発揮してほしいと思っているので、こちらは子どもたちをおおいに煽っています。
探検成功のカギは、子どもと大人がカッパ探しについてどこまで本気になれるかどうかでしょう。そのことに本気にさえなれれば、理由の方は子どもの「カッパがいたら友だちになろう」に対して、大人は「カッパをつかまえたら大もうけができる」であってもいいと思うのです。
とにかく本気で、まずは子どもたちの御手並拝見と、暖かく見守っていただきたいと思います。
☆当日持ってくるもの――弁当箱・リュックまたはカバン
☆期日――八月十三日（水）登降園共平常通り

子どもたちが昼寝している暗がりで、村上さんと二人で頭をひねって書いたものですが、もったいばかりつけた、あまり良い文章ではありません。第一、楽しいことはたくさんあった方がいい、「カッパの水」の探検がおもしろそうだからぼくたちはやるんだ、という単純な動機が抜けています。

その翌日(つまり探検の前日)、降園前の三十分を明日のためのミーティングにしました。考えてみると、保育園というのは子どもと大人が一緒になった討論会というのをやらないところです。いつも保母側からの伝達と注意、または正答がすでに用意してある形ばかりの質問というのが、いわゆる「お集まり」の中身ですから、全員が椅子を丸く並べて車座になり、他の子の意見に対して自分の意見を述べるという、この日のスタイルは新鮮だったようです。

「カッパを見つけるためにはどうするか?」

「見つけたらどうするか?」

「つかまえるためにはどうするか?」

子どもたちは思ったままによく意見を述べました。ぼくと村上さんは、「うん、それで?」とか、「○○ちゃんはどう思う?」とか、進行を促すだけで、ほとんど口だしをしません。なにかを決定しようというミーティングではないのです。子どもたちがそれぞれの空想を述べあい、他の子の空想に触発されて、さらにまた空想を広げることを楽しんでいるのに、「じゃあ、多数決にしよう」とか、「○○君の言うのが当ってるみたい」とか不粋なことを言ってはいけないでしょう。

全体の流れは、「とにかくカッパに会いたい。つかまえるのはかわいそうだから、しない」という意見と、「つかまえて一回保育園に連れてくる。それで他のクラスの子たちにも見せてあげてから『カッパの水』に帰す」という意見に大きくわかれて、だいぶ続きました。

ぼくが口をだしました。

「ねえ、どうでもいいけどさ、そもそもカッパが強かったらつかまえられないんじゃないの?」

すると、はじめ君が答えました。

「先生、カッパの水にいるカッパって、このままお話してくれた、あのお話のカッパでしょ?」

「そうだよ。あのお姉さんの方なんか、水の中にひっぱりこまれちゃったんだよ」

「なら、大丈夫だよ。もう、年よりのヨボヨボになってるはずだもの」

やりこめられて思わずうなりました。

なんにしろ探検自体を馬鹿にする子は一人もいません。カッパの存在を否定する子も一人もいません。最初にカッパの話が出てから一ヵ月近く、とにかく誰もしらけることなくここまで想像をふくらませてこられたのです。この時点ですでに探検の九〇パーセントまでは成功しているといっていいし、もはやカッパの存在の有無は問題ではありません。

そうはいっても、明日カッパがいなければ、子どもたちはいっぺんに気抜けしてしまうでしょう。といってぬいぐるみのカッパをだしてもばれてしまうだろうし、そういう風に事を収めるケースでもなさそうです。適当な収拾策が浮かばず、仕掛人としては実は弱っていました。

当日です。カッと日の照りつける暑い日になりました。子どもたちがリュックサックをかついで次々に登園してきました。

「うちの子は夕べから荷物をすべて枕元に用意してふとんに入ったものの、興奮してなかなか寝つけなかったんですよ」と、はなよちゃんを送ってきたおかあさんが、昇降口でニコニコ話しています。

だいすけ君は海水パンツを持ってきました。昨日のミーティングの最後に、「自分がカッパの探検に必要だと思うものはなんでも持ってきていいよ」と言っておいたからですが、いざとなれば自ら潜ってカッパと対決するつもりのようです。

りょうた君は、おにいちゃんから借りたというヒモを持ってきました。「これでカッパをしばるんだぞ」とアドバイスもうけたそうで、これは小学生のおにいちゃんの方が行きたくてたまらないようです。

そこへ、かずこちゃんのおかあさんから電話がかかってきました。

「先生、うちの子、今日はカッパ探検に行くんでこわいから休みたいと言ってるんですが、どうしましょう?」

「大丈夫ですよ。とにかく園まで寄こしてください。あとはどうにでもなると思うし、必ずなんとかしますから」

「そうですか。あと、懐中電灯がいるんだと昨日から言ってるんですが……」

「構いません。なんでも、かずこちゃんの言っている物を持たせてください」

かずこちゃんの空想の中では懐中電灯が必要なのでしょう。それよりなにより、ここで休まれてはなんにもなりません。

他にもキュウリを持ってきた子はたくさんいました。おびきだしたり、仲良しになるための手段です。

九時過ぎ、三台の車に分乗して園を出発しました。学校の夏休みとともに保育園を休んでいる子も多く、今日のひまわりぐみの出席は十五人なので三台で十分まにあいます。先頭がぼくの車で、村上さんの車、園長の車が後から続きます。

だいたい、ぼくの車は中古の軽で、ところどころへこんでいるから、子どもたちに敬遠されます。一丁前にもみんな他の保母のランサーやファミリアに乗りたがるのです。そのぼくの車を一号車にすることで調整します。先を走って後ろの車に「ヤーイ、遅いの遅いのー」と叫ぶ魅力にはかえがたく、何人かの子はこちらにも乗りこんでくるのです。

申しあわせ通りの四十キロ制限厳守で、十分後に「カッパの水」に到着しました。

車道から沼のほとりへは急な崖です。予定通りロープをたらし、ぼくが上で踏んばって確保します。これで一人ずつ伝って降りていくのです。高さにして三メートルくらいですから、ぼくが先に降りて途中から抱きおろしてやってもいいのですが、それでは気分が出ません。二、三日前から、クンレンと称して園庭の登り棒から垂らしたロープを登ったり、鉄棒と太鼓橋の間に張ってレンジャー部隊よろしくぶらさがって渡ったりといろいろ遊んできたのも、このためです。

ところが本番ではからっきし駄目でした。大半の子が途中で動けなくなり、先に降りた村上さんの手を借りています。

こんな時、思いだすのが利島保育園のかぜ組の子どもたちです。散歩にはいつもロープを持っていきました。椿林に入って木登りをし、ターザンごっこをしたり、ブランコをつくったり、ちょっとした崖はみなロープで登り降りしました。ロープがあればどこでも行けたし、かぜ組の武器でした。ひまわりぐみの子たちがそれに比べて不器用なのは、もちろん慣れていないからです。というのも、利島と違って大島にはマムシがいます。そのために子どもたちは自由に野山を歩きまわることが制限されているのです。道しか歩けないのなら、ロープは当然不要でした。

それでもなんだかんだ全員沼尻に降りて、改めて集合しました。（これが「カッパの水」かあー）と子どもたちはしげしげ水面を見つめています。所々でポチャッと魚の跳ねる音がするたびに、その方向にサッと首が動きます。

いよいよ探検開始です。まず、ぼくが沼に向かってどなり、子どもたちがそれに真似してつけることにしました。

「オーイ、カッパー」
「オーイ、カッパー」
「でておいでー」
「でておいでー」
「なにもしないからでておいでー」
「なにもしないからでておいでー」
「キュウリあげるからでておいでー」
「キュウリあげるからでておいでー」

ふだんのリトミックの時でもこうはいかないくらい、子どもたちの声は大きく、そしてよく揃いました。

耳をすまします。大声におどろいて魚たちも深くもぐったのか、沼はまったくシーンとしてしまいました。キュウリを持ってきた子たちが、早くもそれを振りまわしていますが、なにも起こりません。

今度は人数分用意したタンバリンや鈴を叩きながら、一斉に声をあげました。話しかけ路線が失敗したあとの威嚇作戦です。鬨の声は沼の上空いっぱいに木霊になってはねかえってきました。それでもカッパは現われません。（すぐに出てくると思っていたのにおかしいなあ）と、あてがはずれた顔の子どもたちを尻目に、

「ここは場所が悪いんじゃないかな。沼の奥の方にいるのかもしれないし。向こう側に回ってみようよ」

と、ぼくは大まじめに提案します。しらける隙を与えてはまずいのです。

「カッパの水」は東西に細長い沼で、都道から降りてすぐの所は一番西の沼尻にあたります。周囲は水辺ギリギリまで樹木に覆われて、北側は水と土の境も見えないくらいですが、南側はわずかに道がついていて、奥まで行くことができます。それでもすりばちの底のような沼の斜

面を横切ってつけられた道ですから、すべりやすく、足を踏みはずせば水に落ちます。

ぼくが先頭を歩いてロープを張り、それにつかまって一人ずつ進むことにしました。途中一ヵ所、道が崩れている所があり、一列になった子どもたちは必死の形相で、中にはロープにつかまったまま泣き顔で立往生してしまう子もいます。適当につっぱなし、適当に助けて、なんとか全員一番奥にたどりつきました。そこからさらに進もうにも、もう道はありません。北岸にまわりこんでみたくても、沼の上までせりだした樹木とヤブで、下の地面がどうなっているのかわかったものではありません。ただ一ヵ所だけ赤土の低地が北岸側にも見えています。

「しかたない。水の中を渡ろう」

と、ぼくはハダシになりました。

「えー、この中に入るのー」

「大丈夫、大丈夫。ぼくが先に行って浅い所を探すから。ロープを張ったら、みんなはそれにつかまってくればいいよ」

文字通り頼みの綱のぼくが先に渡ってしまったから仕方ありません、覚悟を決めた何人かが靴を脱ぎはじめました。

沼の底は海と違ってヌルッとしています。すべりやすく、踏んでも土が反発しません。一歩だすたびに足がゆるく沈み、指の間から底の泥がニュルニュルと抜けていきます。せいぜい子どもの膝の上までの深さですが、歩けば水が濁ります。下が見えなくなるところへ持ってきて、「カッパに気をつけろー」とぼくにどなられます。濁った水の下に（お尻の玉を狙ってカッパがそこまで来ているかもしれない）と、子どもたちは緊張し、あわてて足をだします。

とにかく全員北岸に着きました。ただし、そこ一角がようやく人が立てるだけで、後ろはすべてヤブの急斜面です。どう見ても、これ以上は進めません。

「これはもう、とても無理だね」

と子どもたちに同意を求めて、引き返すことにしました。強引に沼を渡ったのも、半分はおもしろ精神、もう半分はこのセリフを言いたいがためでした。

どのみちこの探検の結論は「カッパの水にカッパはいなかった」となるはずです。しかし、そう言いきるためには（とにかくぼくたちはやれるだけやった。あれだけ探していなかったんだからカッパはいないんだ）という自己納得が一人一人になければなりません。「沼尻で大声でカッパを呼んだけど、出てこなかったからカッパはいない」というのと、「こっちから行けるところまで行って、沼の中を歩いてまで探したけれど、見つからなかったからカッパはいない」というのとでは、同じ結論でも中身の濃さが違います。

ところがです。「さあ引き返そう」とみんなで再び沼を渡りだした時、背後で「ギャァ」と大きな声がして、続いて「ジャボーン」という水音がしました。たぶん蛙が飛びこんだのでしょうが、声だけで、誰も姿を見なかっただけに、「やあ、カッパが飛びこんだ」と大騒ぎになりました。ぼくも、今までこれだけ盛りあげてきたカッパを「いない」と結論づけてしまうのは少し淋しいと思っていただけに、「なるほど、なるほど。陸に上っていたのか。それなら沼の中を探してもいないわけだ」と調子のいいことを口走ります。

沼尻まで戻って、いよいよ最後の作戦、カッパ釣りです。あらかじめ糸をつけた十五本の棒にキュウリを結び、子どもたちに渡します。みんな思い思いの場所に陣取って、釣糸を垂れます。水に下ろされたキュウリはプカッと浮いてしまうので、あまりかっこうよくはありません。待つことしばし。

「来ないねえ、カッパ」

子どもには、大人のように魚が来なくても一時間でも二時間でも糸を垂らしているなどという悠長な真似はできそうにもありません。

そこでぼくですが、子どもたちからちょっと離れた岩陰で迫真の大演技です。沼の上にはりだした木の枝に片手でぶらさがると、竿を沼に突っこんで、

「ウワー、ひっぱられる、ひっぱられるー」

と大声をあげました。子どもたちがびっくりしてこちらを見たところでヒョイと竿をあげます。なにもついていません。

「カッパにキュウリ取られたー」

もちろん、前もってはずしておいたのです。

先ほどの「ギャア」と「ボチャーン」で、子どもたちはカッパの存在をほぼ信じる方向に向かっています。(たまたま姿こそ見のがしたけれど、声も水音も聞いた)つもりなのです。(それならそれでもいいや。カッパがいることにしても誰も迷惑しないだろう)という開きなおりで一発かませたのですが、これでもう「カッパの水」のカッパの存在は、子どもたちにとって絶対のものとなりました。

その後はカッパの様子を見ながらザリガニ釣りに切りかえることにし、餌をキュウリからサキイカに替えました。こちらは今まで人の来たことのない沼だけに、ザリガニの天国だったのでしょう、倒木の下あたりをめがけて糸を放りこんでやると、すぐに強いひきがあって、釣れるわ釣れるわ、三十分間に五十四もつかまえてしまいました。釣れなかった子は一人もいません。糸さえ垂らせば釣れて、しかも磁石でクリップをつけた紙の魚を釣るのと違う本物の手応えですから、これはおもしろいはずです。やみつきになって「まだまだ、もっと」と粘る子どもたちを、「お昼だよ」と店じまいさせるのに今度は一苦労です。

再びロープを使って車道まで登り、弁当にしました。残ったキュウリはすべて「お供え物」と称して上から沼に放りこみ、バケツ二杯のザリガニを戦果に意気揚々と園にひきあげました。

次の日、カッパフィーバーの中で、ひまわりぐみの人気になっている加古里子の絵本『かっぱとてんぐとかみなりどん』を見ていたゆりちゃんが、突然顔をあげて叫びました。

「カッパには耳がない！　だからいくら呼んでも聞こえなかったんだよ！」

なるほど、絵本に描かれたカッパには耳がありません。そういえば清水昆のカッパにも耳はありません。

「あ、ほんとだ！」

「そうかあ、そうだったのかあ」

これは「カッパは確かに沼にいる。それなのになぜ会うことができなかったのか？」という謎に終止符を打つ偉大な発見でした。ゆりちゃんも、まわりにいた子どもたちも一様に興奮し、おおいに納得したのでした。

一方、ひまわりぐみの「カッパの水」探検は、当然のように年長五歳児のつくしぐみに飛び火しました。沼から戻ってきたひまわりぐみの子どもたちは、「沼でカッパの声を聞いた。杉山先生はカッパにキュウリを取られた」とさっそく保育園中に吹聴してまわり、その日の帰りがけには分け前として一人数匹ずつ受けとったザリガニを、他クラスの子に見せびらかしたのです。それをうらやましそうに眺めるつくしぐみの子たちに、ぼくは小声で、「ザリガニ欲しかったら、みんなもカッパ探しに行きたいって先生に頼んでごらんよ。みんなならカッパをつかまえられるかもしれないよ」とけしかけ、一方では、「カッパ探検、おもしろかったですよー。子どもも大喜びでしたよー」とつくしぐみの担任の関野さんと鈴木さんを煽りました。

こうしてひまわりぐみの後をうけて、保育園のボスであるつくしぐみが、第二次カッパ探検に乗りだすことになったのです。決行日は八月二十九日。九月に入るとすぐ運動会の練習が始まるので、遊び呆ける夏の最後のイベントにするのだそうです。

つくしぐみの一回目のミーティングがその一週間前に行われました。その様子は後で聞きました。まず、関野さんが開口一番、

「私、カッパの探検に行きたいなあ！」

それを受けた子どもたちが、

「ぼくたちも行きたいな！」

「でも、私、カッパこわいよ！」

「ぼくたちもこわいよ！」

「あなたたち、男でしょ！」

「男だけど、ぼくたち頼りないもんな」

と、しまらないところからスタートし、「ひまわりぐみの杉山先生に一緒に行ってもらうことを最初に決定しました。それから、カッパをつかまえられなかったひまわりぐみの失敗(ひまわりぐみの子たちは別に失敗とは思っていないのですが）の分析に入りました。

まず出たのが、「カッパを見るなら、夜行かなきゃだめだ。たぶん夜の九時半過ぎなら出るんじゃないかな」という変な意見です。カッパをおばけのつもりでいます。おばけなら出るのは夜中で、この子にとっての夜中とは自分がいつも寝る時間からあと、つまり九時半過ぎということだろうというのが関野さんの解説です。

また、ひまわりぐみから伝えられた「カッパは耳が聞こえない」という見解については「もっともである」と肯定され、ただちに検討して「それなら匂いでおびきだそう」ということになりました。なるほど、絵本のカッパにも鼻の穴はちゃんと描いてあります。耳がだめなら鼻で勝負、とはしたたかなものです。では「匂いのするものはなにか？」　答えは「ホットケーキ」となり、この作戦は、探検当日に親にホットケーキを焼いてもらってきた子によって実現しました。

また、ぼくがキュウリとともに沼にひきずりこまれそうになったことから考えられる「カッパは相当、力が強いのではないか？」という懸念は、「それは杉山先生が弱かったんだ」と一蹴されてしまいました。それでも、このあとぼくと廊下ですれちがったゆういちろう君は、「きっと竿が弱かったんだよ、先生。ぼくはおとうさんに言ってリールを借りてくる」とかばってくれました。気持はありがたいけれど、結局おちつくであろう、磯用リール竿でザリガニを釣る様が頭に浮かんで、こみあげる笑いを押さえるのに苦労しました。

そのあと、つくしぐみはカッパの想像画にとりくみました。火を吹いているのや、恐竜のように背中にヒレがあるのや、いろいろと出てきました。

さらに親向けにも通信をだし、二十八日にグループ別の最後のミーティングをやって、いよいよ探検の日を迎えました。当日はあいにくの曇り空です。

関野さんからの早朝の電話で、出勤前に「カッパの水」に一走りしました。昨夜の雨での増水を心配したのです。あまり水かさが増しているようだと沼の南岸の道がなくなってしまいます。結果はかろうじてＯＫで、決行となりました。

今回は勝手がわかっているから、ぼくも楽です。ひまわりぐみの時と同様、ロープで崖を下り、奥まで岸辺を歩き、最後に徒渉します。ただし、やることはひまわりぐみと同じなのに、理屈の方はだいぶ多いようです。

沼の底のあちこちから時折ボコッと泡が浮かんできます。底の泥の中になにか住んでいるからでしょうが、これを不思議がってみんなでペチャクチャやっています。

「ねぇ、先生。あれ、カッパの息じゃないの？」

「だとしたら、沼中カッパだらけだね」

「先生、違うよね。あれ、カッパのおならだよね」

おなら説をだしたくにあき君は、沼を渡る際、（俺は強いんだぞ、カッパなんかこわくないぞ）と言わんばかりにロープから手を離して、中央の深い方へ向かっていきました。（へえ、勇気があるなあ）と感心しながら「おーい、ロープから離れるとカッパにひっぱられるよー」と軽く声をかけてやると、あわててしぶきをあげて戻ってきました。泥の感触がおもしろくて、カッパの方を忘れていただけのようです。

そのうち、れいり君が足をすべらせて尻もちをつきました。ビッショリ濡れて気持悪そうです。「ズボンを脱ぎなさい」という保母の声に、当然すなおに従うものと思っていたら、これが必死の抵抗をします。

「カッパがお尻をとりにくるからいやだ!」

結局、右手をロープに左手をお尻にあてる変なポーズで沼を渡りおえました。

そのあとはカッパ釣りです。みんなリュックサックからキュウリ、ホットケーキ、食パン、サキイカ等々いろいろなものをひっぱりだして竿の先につけましたが、やっぱりカッパは釣れません。

ただしハプニングがありました。釣り場を変えようと移動する子のために、南岸の道の崩れた所でロープを確保していたぼくが、うっかり足をすべらせて沼に片足つっこんでしまったのです。演技ではありません。が、転んでもただでは起きません。

「ウワァー、カッパにひっぱられたー」

と、とっさに大声をだしました。

「えー、本当?」

「カッパ、見えないよー」

と近くにいた子がのぞきこみます。

足が痛い。見ると水から足をあわてて引き抜く際、岩角にこすった向こうずねに数本のひっかき傷ができて血がにじんでいます。

「本当だよ、ほら、これ見て、カッパにひっぱられた爪の跡！」

「あ、本当だ！」

これでまたまたカッパは実在することになりました。ぼくの足の傷が動かぬ証拠です。

「杉山先生は本当によくカッパに狙われるね」

と、ゆみこちゃんが興奮しています。こちらは見すかされたようでギョッとしますが、本人は大まじめです。

そのあとはザリガニ釣りで、これもひまわりぐみに劣らず、相当釣れました。結局おとうさんにリール竿を貸してもらえなかったゆういちろう君はそれでもテグスをもらってきて、園で用意したタコ糸で釣る他の子に差をつけています。

ぼくも釣りながら横にいたのりゆき君にささやきかけました。

「な、カッパをつかまえる決定版のいい方法を思いついたんだけどな……」

「え、どんなの？」

「な、みんなでバケツ持ってきてな、沼の水を全部外へ汲んでだしちゃうんだよ。水がなくなったらカッパをつかまえられるよ」

カッパの存在の有無に白黒をつける絶対確実な方法ですが、賽の河原の石積みのような途方もない労力に気づいたのか、日頃剛気なのりゆき君も、

「ううん、考えとくよ」

と逃げてしまいました。

やがて小雨が降りだしました。沼の水面に小さな同心円がいくつもできました。

都道に全員上り、大きな木の下で数人ずつのグループになって弁当を食べました。ぼくの横で弁当をひろげていた女の子が、小さな声でぼくに尋ねました。

「ねえ、先生。本当はカッパなんていないんじゃないの？」

「どうして？」

「だっておかあさんがそう言ったもの」

「それはどうかなあ？」

そんなものは証拠にはなりません。まだ、ぼくの足の傷の方が証拠になります。カッパが沼にいることを証明するためには、最終的にはカッパをつかまえなければならないでしょう。逆にいないことを証明したいのなら、それなりの労力をかけた論拠を持ってくるべきで、「親が言

ったから」などという安直な権威を持ってきても、ぼくはつっぱねてしまいます。

少しずつ雨が強くなってきました。キュウリを沼に投げこみ、

「カッパさん、バイバーイ」

「また、来るねー」

とか言いながら、みんな車に乗りこみました。もう観光客の姿もあまり見かけません。大島の夏も終りです。


その後、子どもにせがまれて親子で「カッパの水」に探検兼ザリガニ釣りに行ったとか、車でその横を通るたびに父親に車を止めさせ、大声で「オーイ、カッパさーん。出ておいでー」とどなる子の話とかを、あちこちの親から聞かされました。夏のカッパフィーバーの余熱でしょう。


それもさめた十月のある夜、つくしぐみのかずま君の家に遊びに行きました。おかあさんが言います。

「カッパは大成功でしたね。うちの子は今でも『カッパはいる』って信じていますよ」

「カッパはいない」となるはずだった最初のひまわりぐみの探検が、「ギャア」「ボチャーン」

の音をきっかけに、百八十度方向を変えてしまいました。

そもそも、「カッパの水」の伝説でもカッパは登場していません。沼から聞こえてきた何者かの声を、大滝小滝の父親が勝手にカッパの声にしてしまったのです。してみれば、ぼくたちの「ギャァ」「ボチャーン」もまったく同じです。

伝説とか迷信というのはこのように生まれるんだろうな、と改めて思いなおしました。そうなれば、「いる」とか「いない」とかは、もうどうでもいいことです。保育園の子どもたちが、このカッパ騒ぎのあとに新たな伝説の小さな語り部になったということが、なによりもすばらしいのかもしれません。

III

おとしあなを ほった。
「もっと ふかく しようよ」
「水を いれよう」
「そうそう、落ちた
人がぬれる
ようにね」
でも、
全員で
ほったので、
知らずに
落ちる
人が、
いないのだった。

ゆり組とであう

宇都宮のひまわり幼稚園でゆり組の子どもたちと出会ったのは、利島保育園のかぜ組の子どもたちと別れてから二年後のことです。

その二年間、新島や大島の保育園でお世話になったりしながら、北海道から沖縄まで、おもしろい園があるという情報が入ると、出かけていっては見学させてもらっていました。気分は保育武者修行です。

ぼくももう二十七歳になっていました。（もう一回現場に戻るなら年齢制限もあるし、そろそろこの辺で）と考えていた矢先、宇都宮の友人が「うちの園に空きがあるから」とひっぱってくれ、ぼくは「本土」に戻りました。

私立ひまわり幼稚園は園長一人、教諭三人の計四人の小さな園でした。子どもの方は多い年は百二十人もいたそうですが、ぼくが入った年は六十人でした。三歳児ちゅーりっぷ組・四歳児たんぽぽ組・五歳児ゆり組の三クラスがあり、お世話になった二年間ともぼくはゆり組の担任をつとめました。

初めての「幼稚園」という職場には、驚かされることがたくさんありました。子どもたちはマイクロバスで登園してくるので、一番遅い子が着くのはもう午前十時でした。セーラー服に似た園服があり、それを汚しては困るということで、外遊びが制限されていました。お盆には父母からドッと御中元が届きました。そのひとつひとつの事柄にぼくは狼狽し、考えられるだけの手を、しかし突出せぬように打たなければなりませんでした。

新年度前の春休みです。年間スケジュール表を作るように園長に言われました。遠足や運動会など、早くから準備しなければならない行事もあるので、これは必要なことです。

参考のために昨年度の四月につくったスケジュール表を見せてもらいました。「十月二十二日」というところに「散歩」と書いてあって、愕然としました。散歩というのはその日の気分でするものですし、半年前から計画をたてるようなものとは到底思えないからです。

さっそく園長に「散歩の自由」についてかけあいました。「遊んでばかりいられても困るのよ」と、園長は困った顔をしましたが、「いつも揃いのスモックを着てきちんと歩く」「お勉強の方もする」といった条件をだした上で認めてくれました。

「きちんと歩く」というのは、外を歩く園児たちがそのまま来年度の園児募集のための広告塔となるからです。ここでデレデレ歩かれると「うちの園はしつけがなっていません」と世間に言っているようなものだというのです。「ウーン」とうなりましたが、とにかく「いつでも散歩にでかけていい自由」をもらうことが先決で、あとのことはまたあとで考えようと思い、条件をのみました。

四月になって初めて会った、ゆり組の二十人の子どもたちは、ほとんどの子が三、四歳の時に入園しての持ちあがりで、なるほど外遊びや散歩に慣れていませんでした。

雨上りの園庭にできた大きな水たまりに入りたがる子は一人もいません。湿った土をすくってぼくが泥団子をつくりだしても、それを欲しがるばかりで、自分もつくろうという子もやはりいません。ぼくがつかまえたトカゲを、持ってみることもしません。

といっても、（そういうことをしたがる子に育てたい）とは、ぼくはもう思っていませんでした。「大人が頭に描いた理想の子ども像と違うから問題がある」と一方的に決めつけることに、なんの意味もありません。水たまりやトカゲが絶対的におもしろいわけもないし、水たまりには「入れない」のではなく、「入らない」のかもしれません。必要を感じれば入ることだってあるでしょう。ただ、そうはわかっていても、やはりこの迫力のなさはなんだろうと思わずにはいられませんでした。

始業式の数日後、さっそくゆり組の子どもたちを連れて散歩に出ました。四月初めというのに初夏のように暑い日でした。小手調べに国道を越えて鶴田沼まで行くことにしました。

「まだ着かないのー」「まだ歩くのー」とネをあげる子もいましたが、着いてしまうと元気になり、てんでに雑木林に入って、石やら花やら、秋に落ちた木の実やらを集めています。

帰り道、それを両方の手にささげ持ったまま、子どもたちは歩きはじめました。園服にはポケットがついていないのです。歩きにくそうだなとは思いましたが、ぼくもどうにもしてあげられません。

幼稚園まであと半分くらいまでの距離になった時、女の子の一人がぼくの方を見ながらかぶっていた制帽をおずおずととり、両手の花や木の実、草の実を中に入れました。ここだ、と思うから、声をかけました。

「よしのちゃん、あったまいいー」

それを聞いて他の子たちも一斉に帽子をとり、花かごにしました。そうそう、帽子はインスタント・バスケットだし、靴は簡易天気予報器です。やればできるじゃないの。もっともっと自由でいいんだよ。きまりやしつけやお勉強やおけいこごとに、しばられ追われのゆり組の子たちですが、なんだか共犯関係になれそうな気がしてきました。

うんちをひろう

たいていの子は、なぜかギリギリまでおしっこやうんちを我慢します。大人のように（この先しばらくトイレがないから、そんなにせっぱつまってはいないけれどここで用をたしておこう）などと算段はしません。ひまわり幼稚園のトイレは暗くもこわくもないのに、とにかく限界まで子どもたちは遊び抜き、どこかで突然（あ、そうだ。ぼくはトイレに行きたいんだった！）と思いだして駆けこんでいきます。

ゆり組を受持ったばかりの四月のことです。男の子たちと園庭でサッカーをしていました。するとと園舎のはずれのトイレの前から、K子ちゃんがダーッと走ってきました。

「杉山先生――」

「ん、なあに？」

K子ちゃんはぼくの前で足を揃えて言いました。

「先生、おしっこ行ってもいいですか？」

さっきからK子ちゃんが三つの保育室と事務室を順に走ってのぞきこんでいるのは、横目で見て知っていました。その雰囲気から（ぼくを探しているのかな）とは思ったのですが、サッカーの方は大人一人対子ども数人の試合ですから抜けられないし、盛りあがってもいたので（ま、いいや）と放っておいたのです。まさかこういう理由とは思いません。

「なんだよ、そりゃ。行け、行け。早く行け！」と、あわてて答えました。K子ちゃんはまたトイレの方へ駆け戻って行きました。

それから十分もしてから、きみこちゃんが走ってきました。

「杉山先生、K子ちゃんがお便所で泣いてるよ」

かわいそうにK子ちゃんはトイレに飛びこんだものの、パンツを脱ぐのがまにあわなくて、おしっこを洩らしてしまったのでした。代りの下着をだしてやりながら、ぼくは無性にイライラしていました。もちろんK子ちゃんに対してではありません。K子ちゃんはこの幼稚園で二年前から教わってきたことを、新しい先生であるぼくに対してもきちんとしようとしただけなのです。

その日の帰りがけの「お集まり」の時、ぼくは「幼稚園の中でトイレに行く時の『先生、トイレに行ってもいいですか』というセリフは、今度からいちいち言わなくていい。お散歩とか外に出かけた時だけ、『おしっこが出たい』と言ってくれればいい」と、子どもたちに強く告げました。

そもそもおしっこやうんちをするのは人権中の人権ですし、許可も不許可もあったものではありません。「紙がない」とか「ズボンのボタンがはずれない」とかの理由ならともかく、自由に勝手に行ってくれればそれ以上なにも言うことはないのです。

では制度を改めれば子どもたちはおもらしをしなくなるかというと、もちろんそんな単純なことでもないようです。あいかわらず子どもたちは（自分がトイレに行って一人だけ現実に戻っている間に世界中の遊びが終ってしまう）とでも思っているかのようにギリギリまで我慢します。とくに、うんちに行きたくなった男の子は（それを知られるのが恥ずかしい）という意識もあって、やはり我慢します。日頃、「うんち」だの「おなら」だののえげつないジョークで他の子をからかう「悪ガキ」ほど、自分がそうなった場合は深刻です。

土曜日の降園十分前のことです。子どもたちはみな、カバンに連絡帳やタオルをつめこんだり、遊んでいたものを片づけたり、忙しく動きまわっていました。蜜蜂の巣のようなめまぐるしさと雑音を背景に（さて、今日は帰りがけになんの歌をうたおうか）と、ぼくはピアノの前で楽譜集をペラペラめくっていました。そこへしげき君がやってきました。

「ねえ、先生。なんだか、くさくない？」

「ん？」

言われて鼻をひくつかせてみると、なるほどどうも変なにおいがします。うんちのにおいなのです。おならと違っていつまでもにおいが消えないので（これは誰か洩らしたのかな）と不安になりました。うんちの跡始末などしたくはありませんが、もし、そうならなんとかしなければなりません。

その時、ゆり組の入口のテラス前が急に騒がしくなって、きみこちゃんとりえちゃんが駆けこんできました。

「先生、大変！　うんちがテラスに落っこってるよ」

「ええっ!?」

あわてて行ってみると、本当に小指の頭くらいのうんちがひとかけら、落ちていました。まちがいなく人間のものです。ティッシュペーパーで始末しました。

気がついてみると、ぼくとうんちのあった空間を囲むようにしてゆりぐみのほとんどの子がもう集まっていました。みな、ぼくを見上げています。(困ったな)クラスの誰かがうんちを洩らしたのは、もはや決定的です。この中の誰かがお尻にうんちをくっつけているのです。もう、正門前にお迎えのおかあさんたちがやってきはじめた、分刻みの時間帯ですが、とにかくその子の始末をしてやらなければなりません。

ところがなんともまずいのは、「誰かがうんちを洩らしたらしい」ことをクラスの大半の子がすでに察知してしまった点です。他の子にわからないように「うんちの子」を探しだしてよその場所でパンツをはきかえさせるとして、その秘密が保たれるとはもはや思えません。「〇〇ちゃん、ちょっとおいで」と、誰か一人だけ別室に連れていけば、それがなにを意味するかは他の子にはすぐわかってしまうでしょう。

とうとうぼくは事態を黙視することに決めてしまいました。そもそも、本人の方から「ぼく(わたし)、もらしちゃった」と言ってくるのならともかく、ぼくの方から一人一人のお尻のにおいをかいだり、「もらした人は手をあげて!」とやるわけにはちょっといきません。そんな権限はぼくにはないのです。うんちをお尻のまわりにくっつけたままで気持のいいはずはないから、ぼくに告げてなんとかしてもらえばいいのに、それをしないのは、うんちの不快感自体よりも洩らした事実が公然となってしまうことの方を本人が嫌がっているからに他なりません。

つまり、ことは「自分自身に誇りを持っている。自分を高く評価してほしい」というきわめて人間的な感覚からくる問題なのです。もらした本人が肉体的な不快感に耐え、プライドという精神的なものの方を重視していることについて、そのヤセ我慢はつまらないことかもしれなくても共感できるし、ぼくはそれを擁護する気になりました。

「さあ、みんな、もうお帰りの『お集まり』の時間だよー。カバンをかけてー」

ぼくは早口でどなりました。ここでいつもなら揃って二、三曲歌うのです。しかし、「うんちの子」はそれどころではないでしょう。開きかけの楽譜集を閉じると、ぼくはいきなり「お帰りの歌」を弾きはじめました。

ことばをあつめる

　ひまわり幼稚園では登園してしばらくは自由遊びで、午前十時頃からクラスごとに部屋にわかれます。それからお昼までその日のメインとなる保育課題にとりくむのですが、いきなりドカンといくのも唐突なので、歌を歌ったり、軽い手遊びやゲームを最初に少しします。噺家が本ネタに入る前に小咄を二、三するようなものです。

「じゃあね、ことば集めをしよう。今日はなんにしようかな。よし、『て』にしよう。『て』の字で始まることばは？」

　するとあちこちから「てぶくろ！」「てれび！」「てんぷら！」「てんとうむし！」などと声があがります。

「てんのうへいか！」と叫んだのはみつこちゃんでした。

「ええ!?　てんのうへいか！　ふうん、みつこちゃん、『てんのうへいか』なんてことば知ってるの？　なんのことだかみんなに教えてあげてよ」

ところがみつこちゃんは、それ以上なにも答えてくれません。もしかするとぼくのリアクションが大きかったので、いけないことを言ってしまったような気になってしまったのかもしれません。（おやおや）と思いましたが、「誰か『てんのうへいか』って知ってる人？」と、今度はみんなに尋ねてみました。四人、手があがりました。

「じゃ、こういち君。『てんのうへいか』ってなあに？」

「『てんのうへいか』ってさ、うん、神様みたいなもんじゃないかな」

「ふうん、ゆかりちゃんは？」

「『てんのうへいか』はね、困っている人を助けてくれたりするの」

「ふうん、困ってる人ってどんな人？」

「困ってる人って貧乏な人なんかのこと」

「お金をくれたりするのかな？」

「そう、はっぱを持っててね、それを振るとお金が出てくるの」

「はい。あきちゃんは？」

「『てんのうへいか』ってね、みんなで行っておがむんだと思うよ」

「おがむの？　じゃあやっぱり『てんのうへいか』って神様みたいなもんなのかな？」

「ちがうの！　『てんのうへいか』は石なの！　四角いの！」

「はい。じゃあのりよし君は？」

「う、うん。あのね、先生に訊くけどね、『てんのうへいか』って生きてるのかな？　死んでるのかな？」

「ええ？　どうして？」

「『てんのうへいか』ってね、雲の上にいるんだと思うよ」

「……？」

「『てんのうへいか』ってね、サリーちゃんのおとうさんだよ」

「さ、サリーちゃん？」

「ん、もう。『まほうつかいサリー』のだよ！」

　想像を越えた答ばかりでまとめようもありませんが、念のためもう一度みつこちゃんに訊いてみました。

「ねえ、みつこちゃんは『てんのうへいか』ってことば、どうして知っているの？」

やがてみつこちゃんはおずおずと教えてくれました。

「あのね、『てんのうへいか』ってね、しろいくるまに乗ってね、通ったの。それでね、みんなで日の丸振ったの」

これですべて納得しました。先月の植樹祭のことのようです。年に一度の植樹祭が今年は栃木県で行なわれ、式典に臨むために昭和天皇と皇后が車で宇都宮市内を通過しました。日光街道が通行止めとなったため、脇の道路に流れこむ車で大渋帯となり、えらい目にあったのを覚えています。

さて最後にぼくの番です。いつも疑問は疑問のままに放ってしまうのですが、今回はさすがに少し説明をしました。

「『てんのうへいか』は人間です。生きています。おじいさんです。東京に住んでいます」

これだけです。別に子ども相手だからと簡単にすませたのではなく、実際その時、うまく説明することばがみつからなかったのです。とくに、うまい形容句がでません。「〇〇な人」という言い方の〇〇に該当することばがわからないのです。

憲法では日本国の統合の象徴とありますから、それを言えばとりあえずは無難なのでしょうが、「国家」「象徴」という概念をどう説明したらいいものか、かみくだいた言い方が思いつきません。

ぼくの個人的な考えを披露してもいいのですが、そのために説明しなければならない「主権」だの「民衆」だの「平和」だののボキャブラリーの多さを考えると、二の足を踏んでしまいます。話しはじめればキチンとしなければならないし、中途半端な形で子どもに覚えられ、家に帰って「杉山先生が言ってたけど、テンノーってのはねえ……」と親の前でしゃべられるのはいかにも危険です。「まあ、それ以上知りたい人はおうちの人にきいてみてね」と、ぼくは逃げてしまいました。

それにしても「てんのうへいかって神様みたいなもの」と形容したこういち君は、みつこちゃんの話を聞いてすぐに、

「あ、そうそう。ぼくもそれを見たんだよ」

とニッコリしてつけたしてくれました。その時のまわりの雰囲気から「てんのうへいか」イコール「神様みたいなもの」という印象を持ったとしたら、これはもしかするとこわい話なのかも知れません。

みつこちゃんの方は「てんのうへいか」と遭遇し、印象にも残ったけど、なんだか異和感が

あり、日の丸をうちふる周囲を眺めつつも、そこにとけこめなかった自分を自覚してとまどっているという風でした。一人一人違うものです。

翌日、K君がぼくのそばに来て言いました。

「先生ねー、おかあさんに訊いたんだけどさー、『てんのうへいか』ってさー」

「うんうん。なんだって言ってた？」

「日本で一番偉い人だってさ」

「……」

なんだよ、そりゃ。そういうことではないからどう説明したものか昨日考えこんでしまったのに、あっさりと刷りこまれてしまったのでしょうか。

まさる君とはなす

ひまわり幼稚園ゆり組の担任となって二年めの六月、恒例のＰＴＡの役員会が園で開かれました。園からは園長が出席しますが、ぼくたち職員は参加しません。いくつかの決定事項を終え、雑談となった時、あるおかあさんからこんな話が出たのだそうです。

「この三月に卒園したＴ子ちゃんのおかあさんから聞いたんだけど、小学校のこの間の授業参観の時にね、ひまわり幼稚園を出たＴ子ちゃんもＡ子ちゃんもＳ君も誰も手をあげなかったし、先生の質問に答えられなかったんですって。それでＴ子ちゃんの家では来年、下の弟は別の園に入れるって言ってたわよ」

昨年度の年長児ゆり組も担任はぼくですから、これはぼくへの批判でもあるわけです。Ｔ子ちゃんもA子ちゃんもゆり組の時はなんでも積極的に自分の方から言ってくる子だったので意外な気もしましたが、そういうことに関係なく、たまたまなにかの折に手をあげなかったからといって「その子は勉強ができない。ゆえに幼稚園が悪かった」と短絡的にきめつけられてはたまったものではありません。

答えを知っていても手をあげない子を、ぼくは大勢知っていますし、その理由をよく聞いて分析してみると「先生の仕掛けた土俵に乗らないことイコール先生への無言の抵抗」だったり、「他の子があまり手をあげないのに自分ばっかり何度もあげるのはお調子者みたいで恥ずかしい」だったり、「なんとなく」だったり、本人なりには筋を通しているのです。一方的な大人の思惑こそ迷惑です。

で、そのセリフを受けた別のおかあさんが言ったそうです。

「あら、じゃあ今年は指文字なんてやってるそうだから、大丈夫かしら？　よけい遅れるんじゃないかしら？」

このやりとりをあとで園長から聞かされました。園長はちょっと恨めしげです。年々国全体の出生児数が少なくなり、どこの幼稚園も園児獲得対策に頭を痛めている昨今、「あそこの園に行くと小学校では遅れをとる」などといううわさが広まるのは、ここのような小さな園にとって致命傷にもなりかねないのです。

その晩、家に帰ってから、ぼくは水割りのグラスを横に鉄筆を握りました。時折、親向けに気まぐれに発行する「担任からの手紙」を書く気になったのです。題は「《まさるくん》《おはよー》↓」です。


静かに雨が降る毎日が続いていますが、みなさん、お元気ですか。

さて、今年度のゆりぐみの担任をひきうける上で、ぼくが特に配慮した子が二人います。

一人はきりこちゃんです。他の二十一人が全員四歳児たんぽぽぐみから上ってきたのに、きりこちゃん一人だけがこの四月からの入園です。前から使ってきた道具ややっていた遊びだからと、つい説明抜きで始めるときりこちゃんが困ってしまうわけで（実際、うっかりなにかのゲームをいきなりやって本人を途方に暮れさせた失敗もありまして）、この「配慮」には自戒の意味も入っているのです。

しかし、ひとつひとつ説明しなおすということは、手間には違いありませんがこれは当然かけるべき手間であって、ぼくとしてはともするとマンネリにおちいりやすい日々の保育の意味を再確認する良い作業となりました。

また、ここに来て新しい友だちが入ってきたことは、他の二十一人にとってもいろいろと刺激になったはずです。そのきりこちゃんも入園からもう三ヵ月たち、本人が癖のない明るい性格ということもあって、なんのトラブルもなく他の子になじみ、今では特に配慮する必要もなくなってしまいました。

もう一人はまさる君です。まさる君はひまわり幼稚園の子ではなく、栃木県立聾学校幼稚部の子です。

その幼稚部では「子どもは地域の同年齢の仲間の中で育ち、しかも密度の高い豊かな刺激を受けることで、円満な発達成長が可能になる」「本校で障害のために生ずるもろもろについての訓練等の指導を受けると同時に、きこえる子どもと一緒に指導を受けることの必要性が強調される」という方針で、五年ほど前から地域交流保育を押しすすめているのだそうです。その計画に沿ってひまわり幼稚園に依頼があり、毎週木曜日と土曜日にまさる君をゆりぐみでひきうけることになったのです。

で、手続き上はひまわり幼稚園の子ではないと言っても、それはまさる君本人のあずかり知らぬ話で、ぼくとしては「木曜と土曜だけ出てきて他の日はお休みしているゆりぐみの子」というふうに受けとめています。

まさる君の加入で一番先に考えたのは、もちろんまさる君とのコミュニケートの方法をどうするかということでした。これはまさる君が最近になって「指文字の役割と存在」を発見し身につけた、ということがあって、ぼく自身が指文字を使えればなんとかなりそうです。

そこで本を片手に鏡に向かいながら付焼刃の特訓をやって、五十音の形を丸暗記し、まあゆっくりならなんとかやれるようになりました。(相手の動作を読みとる方ははるかにむずかしいのですが)。あわせて、市の手話講習会にも何度か通ったのですが、学校でも手話を学ぶのは高学年になってからとのことで、これはとりあえずまさる君には関係ありません。指文字というのは一字につきひとつの形を片手で表わすひらがなのようなもの、手話は名詞・形容詞・動詞などのまとまったことばをひとつの動作で表わす単語・熟語のようなものです。

そして初めてまさる君と指文字で話ができた時はなんとも嬉しく、おもしろかったのです。ぼくが指で「《くれよん》」とやると、まさる君が「へえーっ」という顔でニッコリし、自分のロッカーまでの二メートルもない距離を走って、クレヨンを持ってきました。画用紙をだして「《はな》」「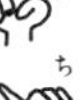《うち》」とぼくが言うと、まさる君も指文字でおうむがえしをし、笑いながら花や家の絵を描きます。

率直に言ってぼくは感動してしまいました。ひとつは自分と違う人間と共通の意志疎通手段を持ったという楽しさです。次にそういう意志疎通手段そのものへの驚嘆とでもいうか、こういう方法を編みだし完成させた人への畏敬のようなものです。そしてまた、これはまさる君に対して失札な話なのですが（なーんだ。言えばなんでもできるんだ）という担任としての無責任な安堵感と、（ぼくの方に話しかける能力がまだなかった先週は悪いことしちゃったな。心細い思いをさせちゃったろうな）という後悔も入り混じって、妙に興奮してしまったのです。

もちろんまさる君にしてみれば、自分がいつもやっている伝達手段を普通に使っているだけですから、一方的に感動・興奮されても迷惑でしょうが、ともかくも指文字で話せる者がこの世に一人でも多い方がいいには違いありません。

さて、ぼくとまさる君が指を動かしながらしゃべっていれば、まわりの子たちは（なにやってるんだろう？）と当然思います。

「ねえ、先生。指文字っていうの教えてよー」という声がでてきたのはすぐでした。

そう尋ねてくれた子にはまずサインから教えました。たとえば「いいよ」は首を縦にふるか、片手の親指と人さし指で輪を作ります。「だめ」は首を横にふるか、両手の人さし指をたてて正面で交差させて×点を作ります。とりあえず、これを覚えておかないと、たとえばおもちゃの取りあいなどのトラブルが自分たちで処理できません。

それから「《まさる》」とか「《おはよー》」とかの指文字を、有志の子が覚えました。もちろん、それらはまさる君との応対の中でちゃんと使われています。

で、ぼくはゆりぐみの子たちになにも、「特にまさる君に親切にしなさい」とか「仲良くしなさい」「同情しなさい」などという気はまったくありません。肌あいが違うのならむりやり友だちになることはないし、ごく自然なうちにそうなっているのでなければ、努力して友だち関係を作ることなど不自由でかえって疲れるだけだと、ぼくは思っているのです。(それはまさる君に限らず、誰についても言えることですが)。ただ、あるがままのまさる君という存在を認めてほしいのです。

たとえば朝のお集まりで一人一人の名前を呼ぶ時、ぼくは木曜日と土曜日は指文字を同時に示しながらにしています。するとこの日は子どもたちも「ハイッ」という返事と同時に高く手をあげて自分の存在をはっきりさせます。これはなにもまさる君への親切ではありません。ぼくとゆりぐみの子どもたちは、同時代を生きるまさる君と袖触れあったわけで、その「きこえない仲間」が同じ部屋の中にいるのですから、当りまえの配慮としてごく普通にサラッとやるべきことに過ぎないのです。

三月まで、クラス全員でもう少し指文字をやるつもりです。卒園すればまた使わなくなるし、すぐ忘れてもしまうでしょうが、とにかく「手指法・手話というものが世の中にあるんだ」という認識をみんなでまさる君から受けとりたいのです。

そしてこれはまったく個人的な感想ですが、ぼくはまさる君と指文字で話していると楽しくて仕方ないのです。同じ手話をやっていても講習会の席では全然おもしろくありません。やはりことばは生きものです。

まさる君から指文字で話しかけられたじゅんこちゃんが、読みとりなどできないのにニコニコと応対し、グーとチョキとパーをかわりばんこに何度もだしているのを見て、ぼくは吹きだしてしまいましたが、まさる君の方も笑顔で離れようとしません。

そういえばぼくたちの話しことばでも、文法を無視してもニュアンスでいろいろと伝えることはできるし、好き同士なら目と目だけで意志が伝わるくらいですから、これはじゅんこちゃん流でいいのかもしれません。ぼくはじゅんこちゃんより上手に指文字ができるけれど、じゅんこちゃんほど楽しそうに応対していたかなと考えさせられます。（なにをふまじめな）と思う方もあるかもしれませんが「友だち同士で覚えておくと試験の会場で絶対役に立つから」くらいの理由で指文字とつきあっている方が、「障害者への奉仕として」とキチンと勉強するよりも気楽だし、ものになりそうです。

さて、まさる君はといえば、聾学校の幼稚部の方ではこれから読唇や口話の勉強をしていくのだそうです。口話は人の口の形や息づかいをまねて、ひとつひとつの音を発声できるようにという訓練です。「あ」がどういう音か聞こえないからわからないのに「あ」と明瞭に発音できるようになっていくまでの過程は、なかなか大変そうに思えます。しかもその訓練は「きこえる者」（つまり多数派であるぼくたち）のためになされるのだとも言えるのです。それに比べれば、ぼくたちの指文字の「《おはよ》↓《ー》」なんてほんとうにチョロイものなんでしょうね。

長々と書いてきました。ではまた。

追伸

それはそうと先週の木曜日にいすとりゲームをしました。丸く並べたいすの外側を子どもたちが列になって歩き、ピアノの音が止まったらパッとすわるというあのゲームです。当然、まさる君には絶対不利です。

そこで、みんなが動物のまねをして歩き、行進をオーバーに視覚化しました。まさる君だけはハンディとして普通に歩いてもいいことにしようかと思い、本人に訊いてみましたが（とんでもない）という顔で他の子と同じように四つんばいで歩いています。

それはまったくその通りで、一人だけ違ったことを許される特別扱いこそまさる君の一番嫌なことなのでした。たかがいすとりゲームで一番になろうが二番になろうがどうでもいいことで、楽しめなければなんにもなりません。ぼくの方が勝ち負けにこだわった、固い考え方でした。

それでも他の子が四つんばいをやめたら、まさる君もそれを見ていすにすわればいいわけで、いくらかはやりやすかったようです。

両側の子が腕をひっぱってすわらせてあげたりして、結果は二十二人中十六位。順位はどうでもいいと言いつつも立派なものです。

＊

親向けの長い手紙をようよう書きあげました。園長にもまさる君にも、まさる君の親にも他の子の親にも失礼にならないように何度も修正液を使い、チェックをして、ガリ板の前を離れた時は、もう夜が明けていました。

絵本をえらぶ

ひまわり幼稚園では保育料・給食費とは別に、絵本代という名目で毎月二百五十円を親から徴収しています。園が教材会社と契約して月刊絵本を団体購読しているからです。会社の方は大口契約だからさばきやすいし、読者の方は団体購読価という安い値で本が手に入るという持ちつ持たれつのこの関係は、古くから、広く幼稚園・保育園に浸透しているようです。

子どもは毎月一冊、園から配られた絵本を受けとって家に持ってかえります。年間十二冊の絵本の中にはもちろんおもしろいものもつまらないものもありますが、年間契約ですから「今月の絵本はちょっと……」とつっかえすわけにはいきません。これがこのシステムの難点です。

といって別に批判する気にもなれないのは、いまどき二百五十円で本屋で絵本が買えるわけがないという単純な理由によります。「おもしろい絵本を読みたい」という子どもの要求に応えてあげたいとは思いつつも、高価な絵本を好きなだけ買い与えるのは親としても無理というものです。

さて、ポカポカとした春休みの一日、子どものいないゆり組の保育室で、ぼくは腕ぐみをして考えこんでいました。新年度のゆり組でとる月刊絵本を今日中に決めて、教材会社に連絡しなければならないからです。床には各社から送られてきたシリーズ見本の四月号が十数冊ひろげられています。似たような内容で、どちらでもいいようなものもありますが、ぼくが決めた本に対して親は無条件に出費するのですから、仁義としても慎重に選ばなければなりません。

隣の部屋で練習中の宮下さんのエレクトーンをバックに、ぼくは二杯めのコーヒーをいれました。候補はすでに三冊に絞られていました。

☆「プチ・サイエンスシリーズ」（一冊一テーマで自然領域中心のカラー写真集。四月号は「テントウムシ」）

☆「おはなし絵本シリーズ」（言語力・理解力・情操をはぐくむ絵本。日本人作家中心。四

月号は「おおきなき」嶋田健二郎作／絵）
☆「ワールド絵本シリーズ」（外国作家の競作によるオリジナルシリーズ。絵の美しさ。四月号は「たいへんたいへんピンキーブウ」マルタ・コチ作／絵）

かっこの中は見本に添えられたパンフレットのうたい文句です。

熟考して（よし、今年は写真集にしよう）と決めました。まず全体のトーンが上品なのです。また、当然ですが絵本と違ってリアルな美しさがあります。科学分野というのもぼくには不得手なところなので、なんだかありがたいような気がしました。

その時です。園庭の向こう側の遊歩道から、数日前に卒園したばかりのひでのり君といさお君が声を掛けてきました。

「おーい、杉山先生」

「おー、遊びに来たのー」

「うん、入ってもいーい？」

「どうぞ、どうぞ」

二人はひらりと柵を乗りこえると園庭を横切り、保育室の外にはりだしたテラスに腰かけて上半身だけぼくの方に向けました。

「先生、元気ぃ？」

「うん、元気だよ」

「ぼくたちが学校行っちゃうから淋しいでしょ？」

「へへっ、まあ、そうだね」

ぼくは苦笑しながら答えます。

「なにしてるの？」

「うん、今度ゆりぐみでとる絵本をどれにしようか考えてるんだ」

「先生、また、ゆりぐみやるの？」

「うん」

「じゃあね、ぼくも選んであげるから参考にするといいよ」

と、ひでのり君が靴を脱いで上ってきました。その「参考にするといいよ」というOB風の言い方がえらく気に入りました。

「おー、助かるよ。参考にするよ。どれがいいと思う？」

ぼくはさっきの三冊をひでのり君の前にさしだしました。行儀のいいひでのり君は、板張りの床にあぐらをかいているぼくの前に正座して、絵本の表紙のひらがなを指で押さえて読みはじめました。いさお君もそばに来ています。

「どれがいいと思う？」

「うん、これがいい」

ひでのり君がさしたのは「たいへんたいへんピンキーブウ」でした。ピンキーブウは主人公の豚の名前です。

「これね、どうして？」

「だって豚の本じゃん」

「そうだけど？」

いぶかるぼくにひでのり君はあっさりと言いました。

「だから、豚なんかいいんじゃないの、子どもには」

「子どもには？　アッハッハ」

（もうぼくは幼稚園児ではない）という誇りに満ち満ちたひでのり君の口のきき方に、つい笑いが出てしまいました。するとその非礼をとがめるかのように、いさお君がズバッと言ってきました。

「杉山先生！　子どもは豚が好きなんだよ！」

「ええ⁉」

しかし無茶苦茶を言ってくれます。豚がいいのなら、テントウムシだってよさそうなものです。

「本当、本当。先生、子どもは豚が好きなんだよ」

「うーん、あのね。この号は豚が出てくるんだけど、次の号からはわからないんだよ」

ぼくは手元の年間配本一覧表を確認しながら答えました。そこに書いてあるのは題名だけですから、人間が出てくるか動物が出てくるかはまったくわかりません。その点、写真シリーズの方は五月以降「ヤドカリ」「カエル」「アサガオ」と、題名だけでだいたいの見当がつきます。けれどもその時（ああ、そうか）と思うことがありました。ぼくがなんとなくこれがいいとは思いながらも（絶対これがいい！）とまで写真集にズッポリ加担できないのは、その「見当がついてしまう」点にあったのです。

一方「ピンキーブウ」の方は、絵本も話もぼくにはおもしろく思えなかったので、最初にはずしていました。四月号というのはどこの社も一番力を入れてくるところですから、それでこれならあとは推して知るべしという判断もありました。けれども、毎号違う作家が描くのならこれは参考にはならないし、それを傑作とみなす基準もあくまでも個人個人のものです。次はどんな絵本がくるかわからないのを、不便と考えるのでなく「楽しみ」ととらえれば、すべては逆転します。時には傑作にも当たるでしょう。それなら「ピンキーブウ」の方にはとりあえず二票入っているし、細かい部分までいちいち比較して、ぼくがどちらかの絵本に判定勝ちをくだす必要はありません。五月号以降についてのラッキーを祈っていればいいだけです。

「ふうん、そうかあ、子どもは豚が好きなのかあ」

「そうそう、そうなんだよ、先生」

この無責任な二人の子にぼくはのせられることにしました。

「よし、じゃあ今年はこの本にするか！」

そのことを隣のたんぽぽ組の宮下さんに伝えるためにぼくは立ちあがりました。目の前では「やったあ！」と、二人組がはしゃいでいます。

床屋さんごっこをする

ある日、床屋さんごっこをしました。

一日目は一人ひとつずつ床屋の看板をつくりました。赤と青と白の斜めの帯がクルクル回る円筒形のあれです。画用紙を細長く切ってクレヨンをぬり、別の台紙に貼りつけて巻きました。

回すメカニズムをどうしようかと思いましたが、めんどうくさいので天井のそこかしこからそのまま吊るすことにしました。二十個の円筒は風が吹くたびに振子のように揺れるばかりで、決してクルクルとは回りませんでしたが、みんなその中に自分のものを見つけては笑っていました。

「家に帰ってね、台所や鏡台にあるビンでからっぽのがあったら、もらっておいで。明日、床屋さんごっこで使うから」と、帰りがけに言いました。

翌日、大型積木で保育室を仕切って床屋を四軒つくりました。それぞれに会議用の長机とパイプ椅子をだし、正面に鏡、本物のクシとブラシ、霧吹き、粘土ベラ、持ちよった大小のビンをセットし、グループにわかれて営業開始です。

客はひまわり銀行のお金をふところに、あいている店に入ります。「おねがいします」と鏡の前にすわると、まずフロシキで前かけをされ、後ろから髪に霧を吹きかけられます。

突然、自分たちで「いちご」と名づけた床屋から「冷てぇー」と声があがりました。客ののりよし君が頭を押さえてびっくりしています。「いちご」の霧吹きは、ぼくが家から探して持ってきたのですが、どういうわけか水が霧にならずに水鉄砲のように飛びだすのでした。かけたりえこちゃんの方も笑っています。この欠陥霧吹きが人気を呼んで、バーバー「いちご」には行列ができました。

霧吹きの次は、ブラシで髪をとかして、ハサミに見たてた二本の指でチョキンチョキンと切りはじめます。

やすお君が名づけたバーバー「鉄人」にはメンバーにみかこちゃんがいるので本格的です。みかこちゃんの家は本職の床屋なのです。さすがに見ているもので、座った客に「どういう具合にいたしましょうか?」などと尋ねています。最初の子の「かわいくしてください」というセリフと一緒にこのやりとりはまるごと他のグループに伝染し、どこもこのセリフを言いあってから調髪にかかるようになりました。

そのうちにバーバー「うさぎ」の客になったさとる君が「坊主にしてください!」といったので、女の子たちがキャッキャと数人がかりで髪の毛をひっぱりはじめました。

「こら、いたい。なにをする。やめんか!」とさとる君は逃げまわっています。その後ろから近寄って、フロシキで頭をくるむ坊さんかぶりにしてあごの下で結んでやると、ツルツルになった頭をなでて鏡を見、

「ああ、坊主になっちゃった。ナンミョーホーレンゲーキョー(ポクポク)」

と、木魚を叩く真似をしています。これで坊主刈りにしてもらいたがる子も増えました。

髪を切ると次に首をいすの背にもたせて「顔そり」をします。粘土ベラがカミソリの代りです。うまい子はあいている方の手で客の鼻の下やほっぺたを軽くおさえて、いかにも慎重を装い、気分をだしてそりあげています。

ふたたびブラシをし、油をつけて一丁あがり、ひまわり銀行製の十円札をやりとりしておあとと交替になります。

もっとも、この「油をつける」というのがくせものでした。前にたくさん並んでいるあきびんの中から数本選んで床屋がふりかけてやるのですが、一見カラのようでいて実は底に数滴残っているというものがたくさんあったのです。で、運のいい子は香水やヘアトニックなどの本物を頭にかけてもらえたのですが、はずれた子はポン酢、アジシオ、丸美屋のふりかけ、はてはキッコーマンしょうゆの大ビンなどを頭にたらされ、香が髪についてしまいました。部屋はトニック頭やしょうゆ頭の臭気で大騒ぎです。笑いながら見ていたら、いつのまにかそばに来たまさお君に袖をつかまれました。

「先生、ちょっと来てよ」

「なに、どこ行くの？」

口数の少ないまさお君がこういう積極行動にでるのは珍しいことです。そのままぼくはひっぱっていかれることにしました。連れて行かれたのは一番はやっていないバーバー「りんご」でした。なぜかこのグループにはあまり目立たない子が集まっていて、時々客足がきれたりしていました。まさお君は深く決意して床屋の客引きになり、一発逆転のつもりでぼくを標的に選んだのです。もちろん、拒む理由などありません。

「あ、そう。じゃあぼくもやってもらおうかな」

と、ことさら大きな声で言って客になりました。とたんにまわりに床屋が四人もついて、いたれりつくせりの極楽気分です。四人は奪うように仕事をわけあい、ぼくの髪は右に左にせわしくブラシでひっぱられました。

けいちゃん、えみちゃんはどうもお化粧ごっこのつもりらしく、小ビンから手に水をたらしてはぼくのほっぺたをこねまわし、ピタピタ叩きます。床屋に行ったことがある子はクラスでもほんの数人でしたから、知らなくて当然ですし、そもそも「ごっこ」ですからなんだってOKです。

そうは言ってもよしひこ君のひげそりは荒っぽすぎました。こういう場合は横にしたカミソリの刃を縦に使うということを知らずに、のどぶえをまともにかき切ってきたので、ぼくは「ギャー」とオーバーに声をあげて床に崩れおちるしかありませんでした。ここはヒッチコック映画に出てきそうな「死の床屋」でした。

タクシーごっこをする

天気のいいある日、何人かの子どもたちと語らってタクシーごっこをすることにしました。「じゃあ、車をつくろう」ということになって、一人一人部屋の後ろからダンボールを持ってきました。

ゆりぐみの部屋にはいつでも、近所のスーパーからもらってきたダンボール箱が、つぶして高く重ねてあります。それはあまりきれいな光景ではなく、園長のグチのタネでしたが、これはぼくの商売のタネでもあって、どうすることもできませんでした。

一人乗りの車ならダンボールを四角い枠の状態に固定して自分が真ん中に入ればそれですみますが、タクシーは二人以上乗れなければ意味がありません。ダンボールを何枚か貼りあわせる作業がはじまりました。

その間にぼくは手押し車式のライン引きに石灰を入れ、園庭いっぱいに道路を作っていきます。まず、一番外側に広い一周道路、その中に縦横十文字の交差道路、さらにクランク状、S字状の横道を、ちょうど車の教習所のように描きました。

小さい組の子たちが、ぼくの描く後ろからもう、その道の中を走って遊んでいます。線を二本引くだけでみんなその中に入りたくなるのは、考えてみると魔法のようでもあります。試しにポツンとひとつ小さな円を描いてやると、我先にその中に入ってきました。ぼくが猟師で子どもが鴨だったら、こんな楽な商売はないでしょう。

そのうちにタクシーができあがってきました。四角い枠の前の方に自分が入り、両手で抱えています。気がせいているのか、かなり乱暴ですが、一応グルリにクレヨンで色もぬってあります。

一番に飛びだしてきたさとる君がどなりました。「さあ、タクシーですよ。タクシーですよ。タクシーはいかがですか！」

砂場の方にいたのりよし君が駆けてきました。

「乗る！　乗る！」

のりよし君がダンボール枠の後ろの方に入りました。

「お客さん、どこまで行きますか？」

「うーんとね、うちまで」

「はいはい、それー！」

タクシーは勢いよく一周道路に出ていきました。二人でダンボール枠をかかえて「エッホ、エッホ」と走っています。

以下、二番手・三番手のタクシーが園庭にでてきました。やすお君のは正面にワリバシが二本、セロテープでくっついています。

「なに、それ？」

「ん。雨の日にこうなるの」

とやすお君は両手を左右にふりました。

一号車が園庭をひとまわりしたので他の遊びをしていた子も気づいたのでしょう。お客志望の子が集まってきて、テラス前のタクシープールにはすぐ行列ができました。

「お客さん、どちらまでですか？」

「東武まで」

「おかしやさんまで」

「ファミリーランドまで」

次々に発車して行きます。

ぼくは一度室内に入るとダンボールの切れはしに赤と黄と緑の丸を描きはじめました。中で絵を描いていたけいちゃんとえみちゃんが寄ってきました。

「杉山先生、なに描いてるんですか？」

この子たちはぼくとつきあいだしてずいぶんたつのに、いまだにことばが崩れません。会話になってセリフが二、三回行きかうとすぐにどうでもいい言い方になってしまいますが、いつでも最初の一言だけはそばで誰かに見張られているかのように丁寧な言い方をしてきます。

「うん、信号つくろうと思ってね」

「ふうん」

「手伝ってくれる？」

「うん、いいよ」

「じゃあね、ぼくがマジックで丸を描くから、その中を色塗ってよ。それをハサミで切ってワリバシつけて」

「うん、わかった」

次にピアノの上にいつも置いてあるひまわり銀行の札束をとりだしました。

「けんたろう君、これ、あそこにいるみんなに渡してきてくれるかな？」

そばにいた三歳児ちゅーりっぷぐみのけんたろう君に仕事を頼みました。けんたろう君が届けた札束は、客の列にいたのりよし君によって均等に配られました。

（自分もタクシーを作ろう）と室内にあがりこんで作業を始めた何人かの子をひやかしているうちに、けいちゃんたちの信号ができあがりました。

「杉山先生、できました」

「はい、御苦労さん。じゃあ、外で信号やってきて」

「ええ⁉」

二人は足を内股にすぼめ、両手を口にあてて大げさに驚いています。（嬉しいけど私たちがそんな大役やっていいの？）という表情です。そういう子どもの素振りには知らんぷりすることにしています。（杉山先生の配慮が自分の上に働いてくれた）と子どもに気づかれるのはわずらわしく、できれば（たまたま杉山先生のそばにいたら、私にいい役がふられた。今日はついてる！）くらいに単純にみてもらいたいのです。

「ほら、行った行った」

二人を押しだすようにぼくはテラスへ出ました。ぼくが最初に口をきかないと、すぐに他の子に信号の役をとられてしまうでしょう。

「じゃあ、ここの交差点に立ってね。けいちゃんはそっちの交差点ね。で、タクシーが来たら、赤丸か黄丸か青丸かどれかひとつ上にあげるんだよ、ね」

信号がふたつ設置されてタクシーの子たちは赤信号を期待して交差点へ交差点へと流れていきます。けいちゃん、えみちゃんは大得意です。自分の一存で相手が止まったり走ったりするのですからこれは気持いいでしょう。それを見たひろゆき君が、「よし、いいこと考えた、おれ、もっとすごいの作っちゃおう！」

と室内に入っていきました。

タクシープールではまだ客の列がとぎれません。ひさえちゃんの車にひさのり君が乗りこみました。

「いらっしゃいませ。どこまで行きますか？」

「そうだなあ、天国お願いします」

「天国、ズルッ！」

と、ひさえちゃんが大げさにずっこけました。

「天国なんて行けるわけないじゃないの！」

「行けるでしょうが！　羽根、つければいいじゃないの！」

「あ、そうか。じゃそうしようね。ブーン」

なんのためらいもなく二人はダンボールの枠を脇の下にはさみこむと、肘から先を真横に伸ばして園庭を飛びはじめました。最初こそ道沿いですがそれはすぐに無視され、二人は砂場からすべり台の下まで縦横に動きまわります。そのうちいったんテラスに戻ってくると、「もう、これいいや」とダンボールを脱ぎすて、体ひとつになりました。今度はひさえちゃんは両手を付根からピンと伸ばし、ひさのり君がその肩に後ろからつかまります。

「ビューン！」

この方が絶対スピードが早く、気持よさそうです。それを見ていた他のタクシーも、「あ、うちもそうしよう」と次々に飛行機に商売替えしました。飛行機が園庭を飛びまわるようになると、信号にはもう用がなく、けいちゃんとえみちゃんはただポケーッと園庭の中央に立っているだけになってしまいました。

手を横に伸ばして飛んでいると、今度は誰かがパタパタとそれを上下させはじめました。

「私、鳥になるんだ」

それを真似して、二人組を解消して一人で勝手に飛びまわる子も増えてきました。ひとしきり飛んだますみちゃんが、テラスで見ていたぼくのそばに来て、息をはずませながら言いました。

「先生、あたし大きくなったら、すずめになることにしたんだ！」

それを横で聞いていたのはひさえちゃんです。

「じゃ、私、わしになっちゃお」

「あ、ずるいぞ。じゅうしまつになって逃げちゃお」

「じゃ、ねこになっておっかけちゃお」

かくして園庭中を鬼ごっこが始まりました。

「わあ、ずるいよ！　ひさえちゃん、ねこは空、飛べないんだよ！」

つかまったら食べられるとますみちゃんは必死です。

「先生、助けてよー。ねこは空、飛べないのにー」

と、逃げまわっています。（ありゃりゃ、どこまで本気でどこまで冗談なんだ？）と思っていると、本当に顔を赤くして泣きだしそうです。それならやめればいいものを、まだじゅうしまつになりきって、両腕を死にものぐるいではばたかせて飛んでいます。

「ほら、こっちだ、こっちだ」

ぼくが両手をひろげてやると一目散にとびこんできました。ねこに食べられそうなじゅうしまつは、危ないところで助かったのです。空想世界に一気に行ってしまったますみちゃんは、すぐには元に戻れないようで、ほっぺたにひとつずつ玉のような涙をくっつけたまま、しゃくりあげています。

そこにひろゆき君が部屋から出てきました。手に持った長いホーキの柄には黄色く塗った紙が等間隔でぶらさがっています。

「おーい、みんな！　ふみきりできたよ！」

けれども、もう、ダンボール枠をかかえてタクシーをやっている子は一人もいません。

「あれ？　どうしたの、みんな。やめちゃったの」

「……うん。それ、また今度な」

と、徒労をねぎらってやるしかありませんでした。

郵便局ごっこをする

秋も深まったある日のことです。薄寒くてストーブをたいた保育室では、子どもたちがてんでに絵を描いたり、ブロックをだしたり、勝手なことをして遊んでいました。

まゆみちゃんがニコニコしながらあきちゃんのところへ近づいていきました

「はい、おてがみ！」

それは画用紙を適当な大きさに切ったハガキでした。おもてには「あきちゃんえ　まゆみより」の字と左上に本物のハガキのような小さな四角、うらには「あそびにきてね」と書いてあります。それを声をだして読むあきちゃんに、まゆみちゃんが言いました。

「ね、ね、お返事ね」

「うん、わかった」

あきちゃんはこれも嬉しそうに、ハサミと画用紙を取りに自分のロッカーに行きました。

これが郵便ごっこの始まりです。あきちゃんが返事のハガキをつくり、その間にまゆみちゃんは他の子にハガキを書き、見ていた子がそれを真似するという工合に、すぐクラス中に伝染しました。そこでぼくが言いました。

「じゃあ明日はみんなで郵便ごっこ、やろうか？」

「えー、今日、やろうよ」

「だからさ、今日はこれから準備しようよ。みんなで郵便局つくろうよ、ポストとかさ。それで本番は明日ね」

「わかった。やろう、やろう」

郵便ごっことはおもしろそうです。しかも子ども間の流行から自然発生的に出てきたのですから、なにも言うことはありません。

さっそく机を片づけて、大型積木を部屋の中央にみんなで運びこみました。ひとつのグループはポストを作ることにし、中が空洞になるように積木を四角く高く組んでいます。もちろん正面に差しだし口、後ろに取りだし口があります。これをガムテープで固定し、そのまわりに模造紙を貼り、テラスに敷いた新聞紙の上で赤いポスターカラーを塗る計画です。

その間に残りの子たちは郵便局をつくります。子どもたちが実際に郵便局を知っているかどうかはとりあえずどうでもいいことで、ぼくが「窓口がいる」とか「金庫もいる」とか言うたびに、子どもたちは自分なりのイメージで積木と机を組みあわせていました。保育室の前の方、三分の一を郵便局ということとして、机を横に並べてしきり、窓口を三ヵ所つくるためにあいまあいまに大型積木を高く積み、一番上に板を屋根のように渡しました。それをガムテープで固定し模造紙を貼っていきます。郵便局の中には机を三つ置きました。局員の仕事用です。

一段落してお昼の時間まで十分ほど余ったので、各机ごとに住所を考えることにしました。ひとつの長机には片側に二人ずつ四人の子がすわっています。これがひとつのグループですが、これを町に見立てて町名をつけ、ハガキをだす時にはその住所も書こうというのです。この思いつきをぼくが言うと、また大賛成でペチャクチャとグループ討議が始まりました。

一方、その間にぼくはおそろしいことに気づいてしまいました。ゆりぐみの子はすでにほとんどの子がひらがなを読むことができるし、書くこともできます。中には家庭教師がついている子もいれば、書道の塾に通っている子どももいるし、そうでなくとも絵の横に自分の名を書きこむぐらいは普通です。ですから、ほとんどの子が字が書けると言っても間違いではありませんし、字が書けるようになって喜び、得意になっている子に、ことさらに「そんなの、やめな」と言う理由もみつかりません。ただ、それが完全に全員かどうかは言いきれないと気づいてしまったのです。

もちろんぼくは、ある字について、子どもに尋ねられれば読み方も書き方も教えますが、自分の方からそれを覚えさせるためになにかしようとは夢にも考えていません。まして、誰がどれくらい書けるのか「書きとりテスト」をするわけもないのです。ぼくがホイホイ始めたほんのお遊びで、クラスの中の字に興味のない子に「焦り」を与えるようなことになれば「ごめん」ではすみません。

何人か、心あたりの子に視線を走らせました。みなケラケラ笑いながら「住所決め」をやっていました。でも、内心どう思っているかはわかりません。(字は書けるけど、それは書けるようになっただけのことで、ちっとも楽しくはない)という子だっているかもしれません。ムードに乗って、ついうかつに「ひらがな容認」に手を貸してしまったかなと、苦いものもありました。

しかしまあ、「郵便局ごっこ」自体は絶対におもしろそうです。字が書けるか書けないかがキーポイントにならないように、そんなことはどうでもいいというふうに遊びを広げられればいいことにしました。

また、もうひとつ気になる点がありました。さきほどのハガキごっこでは、どうしても人気のある子、明るい子、つきあいのいい子にハガキが集中するのです。それはもちろんどうしようもないことです。けれど、どうしようもないことではあっても、書くばかりでもらえなければつまらないし、ましてなぜ自分はもらえないのかと想いをめぐらせればやはり悲しいでしょう。

子どもの頃、「花いちもんめ」に誘われて相手のチームからなかなか名前を呼んでもらえなかった自分、それが嫌で「花いちもんめ」には警戒的だった自分、遠足のバスに乗る時に隣の席に誰も座ってくれなかったらどうしようと気が重くなり「めいめい好きな所に座る」よりも「くじびき」や「出席簿順」を願っていた自分を覚えているだけに、その辺はわかるのです。

さっきまでの自然発生的なハガキごっこならば、（ハガキが来なかったらみじめだ）と思う子は参加しないことでエスケープできました。（自分は今もっとおもしろいことをやっているんだ）という顔で、別の遊びをしていればいいのです。けれどクラスをあげての全員参加となればそうもいきません。誰の操作でなくとも一人一人の人気度は出てしまうのでした。

また、（やりたいことをやっていたいのに、なんでクラスなんてものがあって、他人にあわせなきゃならないんだ）という感情を、未分化ながらも持っている子がいるかもしれません。そういう質問で切りつけられれば、ぼくは答えられないでしょう。「とうとう、気がついちゃったかい、ごめんね、ごめんね」と深く頭を下げてしまいそうです。

これもまた、もらったハガキの枚数がお楽しみのキーポイントになってしまうことを避ける手を考えねばならないでしょう。とにかく、今から（明日がゆううつだ）と思っている子をだしてはならないのです。

お昼の時間になりました。郵便局をつくっていた方の子はとっくに仕事を終って食べはじめましたが、ポストの子たちはまだ終りません。仕方なく途中で手を休めてその辺の箱積木の上にてんでに腰かけて食べることにしました。これがちょうど外で家を建てている途中の大工が材木の上に腰かけてお茶をつかっているようで、なんとも良い風情なのです。

食べ終るとまたすぐに子どもたちはハケを持ってポスト塗りを始めました。それを見ていた他の子たちもやりたそうにしています。そこでお帰りの「お集まり」の時間まで、郵便局の飾りつけをすることにしました。何人かの女の子たちが折紙を細長く切って七夕の輪飾りをつくりはじめました。

興味なさそうに絵を描いていたこうた君の絵は、ぼくがもらいました。その絵の上からマジックで、「ねんがはがき　はつばいちゅう」とか、「きってをおわすれなく」とか書いて、壁に貼りました。気分というものです。それを見て、自分の絵を持ってくる子もいました。

輪飾りを何本か天井から吊し、お誕生会風になったところでお帰りの時間です。ポスト組もなんとか完成させました。

「それじゃあ、明日は郵便局ごっこをやります。えー、郵便局っていうのはね、ハガキや手紙をだすところだよね。でも、それだけじゃないんだ。他に郵便局のお仕事って、知ってる人?」

誰も答えません。しばらくして誰かが言いました。

「小包もだすの!」

「そうそう、小包ってのもあるよね。それからね、ハガキやお手紙だけじゃなくって電報ってのもあるんだよね。これはね、みんなの中にはハガキやお手紙を書きたいって子もいると思うけどね、逆に書きたくないなって人もいると思うんだ。そういう人用だよ。それからね、貯金ていうのも郵便局はしてるの」

「私、貯金してる!」

と声があがりました。

「そう。郵便局の貯金てのはちょっとおもしろくてね、お金をあずけると利息っていうのがついて、増えちゃうの」

「ええ⁉」

「うん。だからね、明日郵便局に十円あずけると返してもらう時は二十円になっているの。ね、もうかっちゃうね」

これはお昼を食べながら、考えついたことでした。その時は気づきませんでしたが、結果としてハガキや手紙のやりとり一本勝負でなくなり、よかったようです。

「それからね、もし明日ね、みんなのおとうさんやおかあさんで幼稚園に来たいっていう人がいたら、来ていいからって言っておいてね」

「ええ⁉」

「うん。朝の十時半くらいから始めるから、一緒に郵便局ごっこやろうよって言ってみて」

「ほんとう？」

「ほんとうだよ、もし『うそでしょ』っておかあさんが言ったら『幼稚園に電話してみてよ、ほんとだから』って言っていいよ。ぼくがでるから。でもね『お仕事があるから行かれない』って言われたら、それでおしまいだからね、いいね？」

「はーい」

その翌日です。やはり肌寒い日でした。十時過ぎにクラス別に部屋に入り、歌を歌い、手遊び・指遊びをいくつかやって、いよいよ眼目の郵便局ごっこです。

まず、いつものひまわり銀行の一円札を一人十枚ずつ、それに折紙を一枚配りました。折紙は財布を作るためで、「ごっこ遊び」では毎度のことです。「はいはい、わかりましたよ」とばかりにニコニコしながら全員てきぱきと折って、お金をその中にはさみこみます。

さらに一人一人に貯金通帳を配りました。昨日の放課後、急拠人数分つくったものです。ハガキ大の色画用紙を二ツ折にし、中をマジックで十二のますにしきりました。外側にはひとつひとつ違うイラストを描いておきます。その絵柄で自分の通帳であることがわかるようにです。ひらがなで名前を書いても子どもたちは読めますが、だからといって寄りかからないことにします。

「えーとね、これは貯金通帳だよ。お金をあずける人は一回一円。一円札と一緒にこの通帳をだすの。そしたら郵便局の人はこの四角のますの中に丸をひとつ書いてあげてね。これは『あずかりました』っていうしるしだよ。それからそのお金を返してもらう時はこっちの窓口に行って、通帳を見せるの。そしたら郵便局の子はまず通帳の丸に色をぬってあげてね。これは『返しました』っていうしるし。それでね、ここが大事なんだけど利息っていうのがつくの。だから今度はみんな一円札を二枚もらえるの。一円得しちゃうわけ。まあ、ややっこしいけどやってみようね。じゃ郵便局の子とお客さんにわかれるからね、途中でどんどん替っていくよ」

窓口は三つ、左から切手・ハガキ売場、預金窓口、返金窓口です。それぞれの窓口に一人ずつ子どもが局員としてつきました。今のぼくの話のあとなので、お客たちはまず預金窓口に行列しました。飲みこみの早いさちこちゃんがそれをどんどんさばき、ひろゆき君がお金を一枚ずつ後ろの机の菓子箱にしまいます。

最初は「お金を預けた子は一分間はお金をだせない」というルールをつくりました。そうでないと預金を終えた足ですぐ返金の窓口に移る子が出ると見たからです。洗面場にたくさん置いてある歯みがきの時間をはかるための砂時計が一分計なのでそれを使うことにしましたが、じれる子が続出したため、すぐあとで「一回、席にすわればお金をだせる」というルールになりました。

返金窓口にはひさえちゃんが待ちかまえています。

「さあ、いらっしゃい、いらっしゃい。お金を返しますよー」

と呼びこみをやっています。こちらも預金した子の列が一分遅れでできました。どの子も

「わーい、お金が増えたー」と喜んでいます。

切手・ハガキ売場にも列ができましたが、この子たちはすぐには買えませんでした。郵便局の奥の机に陣どったこうた君が画用紙を切ってハガキをつくり、みゆきちゃんが小さく切った色紙に絵を描いて切手をつくるまで待たねばならなかったからです。できあがってきた切手をやすお君が窓口で売ります。ハガキと切手が一枚ずつのセットで一円です。ハガキには必ず切手を貼らなければならないことにしました。

ハガキと切手を買った子は席に戻って鉛筆で友だちのあて名と「きりんまち」とか「いちごまち」とかの昨日決めた住所を書き、裏に簡単な文を書いています。だいたい「おげんきですか」とか「またあそぼうね」とかいうものです。スカートやリボンの女の子の絵を添える子もいます。(誰にハガキだそうかな)としばらくは鉛筆をくわえてクラス内を見まわしている子もいます。

書いたハガキは左肩にのりで切手を貼り、三番窓口の横にドカーンと置いてある大きなポストに投函します。それが適当にたまったところで郵便配達係のさとる君がとりだし、まず机の上で消印を押していきます。消印には事務室の「領収済」という丸いスタンプを貸しました。それからあて名の子に「郵便でーす」と配っていきました。もらった子は大ニコニコです。

その頃には何人かのおかあさんが来てくれていました。礼をのべて後ろの席に着いてもらい、ひまわり銀行券と通帳と鉛筆を渡します。ルールを一通り説明してから小声でお願いしました。

「ハガキを書く時ですけれども、クラス全体を見渡してなんとなくもらってる枚数が少ないかなあって子を見つけたら、その子に書いてあげてください。お願いしますね。それから、ご自分たちも楽しんでくださいね」

みな、やさしくうなずいて、さっそくハガキ売場に並んでくれました。

しばらくするとおかあさんたちから、まだ一枚しかハガキをもらっていなかった子にもハガキが届くようになりました。最初の一枚はぼくが夕べ一人一人にあてて書いて、今しがたポストに放りこんだものです。

売場の役もどんどん交替していきます。これはぼくが判断して名指しでひっぱってしまいました。幸い、客をしていると局員の方をしたくなり、局員をしていると客の方をしたくなるようで、互いに駆足でセカセカと場所を入れかわっています。

「えーとね、みんなちょっと聞いてね、後ろにおかあさんたちが来てくれてるでしょ、みんなの中でね、長い文章だからハガキには入りきらないとかきれいに書いてほしいとか自分で書きたくないとかいう子がいたら、おかあさんたちに頼んで書いてもらっていいからね。誰のおかあさんでもいいんだよ」

「あらあら、私、字はへたなのに」と笑っているおかあさんもいます。

のりよし君のように自分のおかあさんが来てくれている子がまず飛んでいきました。のりよし君が横でしゃべり、それをおかあさんがハガキに書いていきます。

ものおじしないまさのり君がなつみちゃんのおかあさんをつかまえました。「ハイハイ」とさしだされたハガキの前でおかあさんが鉛筆をかまえると、まさのり君が大きな声で言いました。

「拝啓《はいけい》」

とたんに「オッホッホ」とおかあさんは笑いだして、しばらく仕事になりません。(なにがおかしいんだ)と困ったような顔で、まさのり君は黙っています。ようやく態勢をたてなおしたなつみちゃんのおかあさんが、

「はいはい、ごめんなさいね。『拝啓』ね」

とハガキを書きはじめました。

「それからね!」

とぼくが続けてしゃべります。

「今から電報も始めるからね。最初の電報、誰にしようかな。じゃ、あつし君、ちょっと出て

きてね」

栄《は》えある第一号の指名に（なんだか知らないけどとにかくいい）と、得意気にあつし君が前に出てきます。

「電報はね、ハガキと違って、字じゃなくておはなしをそのましてくれるの。だから、電報をうちたい子は郵便局に来てまず一円払うでしょ。それから電報の役のあつし君の前で、行ってほしい子の名前と言ってきてほしいことを言うの。そしたらあつしくんがすぐ行ってその子の前でしゃべってくれるの。ね、わかった。電報はね、ハガキより早いんだよ。字、書かなくていいんだから」

すぐにあつし君の前に行ったのはひさえちゃんです。どういうつもりかあつし君を隅っこにひっぱって行きました。ひさえちゃんの方が十センチも背が高く骨太なので、本当に「ひっぱっていく」感じです。それからあつし君の耳にゴニョゴニョと内緒話を始めました。ここは耳打ちしたい気分なのでしょう。小さな声で復唱したあつし君は、ひさえちゃんがうなずくのを確認して歩きだしました。ハガキを書いていた子や窓口で仕事をしていた子も手を休めてそれを見ています。あつし君はあきちゃんのところに行きました。（自分のところに来た）と、あきちゃんはニコニコです。あつし君の口が動きました。

「あきちゃん、あとで一緒にお弁当を食べようね！」

「どっせー」

とあきちゃんがズッコケました。他の子も爆笑です。電報もずいぶん繁盛しました。

ハガキや切手を何枚か買うとお金がたりなくなるから、預金をして利息を稼がなければなりません。ポストに行ったり、また席に戻ったりみないそがしそうです。中にはひさあき君のように預金と返金をひたすらくりかえしてお金をためて喜んでいる子もいます。

「ハガキも書いたら。おかあさんたちに書いてもらってもいいし、絵でもいいんだよ」

と一応は声をかけますが、もちろんそれはそれで遊びなのですからどうでもいいことです。ひさあき君はすでにぼくから二冊めの通帳をもらい、「そのますも全部埋めて三冊めをもらうんだ」と宣言して並び続けています。

見渡すとどの子も十枚前後はハガキをもらっているようです。あきちゃんのように子どもたちからばかりハガキをもらっている人気者もいますが、後ろのおかあさんたちのおかげで、どの子にもまんべんなくハガキが届きました。ぼくにもずいぶんハガキが来ました。

ワイワイやっている間に時間はどんどん過ぎ、大あわてのお昼ごはんはいつもの三〇分遅れでした。今日はお弁当の日です。

おかあさんたちには厚く礼を述べてひきあげてもらいました。あえて黙ってぼくに使われてくれるおかあさんたちの隠れた応援がなかったら、こううまくは話が運ばなかったでしょう。片づけは後にしてとにかくお昼としました。最後の窓口係となった子たちは窓口の中で、切手を作っていた子は奥の机で、いかにも「郵便局は昼休み中」という風に食べて、他の子にうらやましがられていました。最後の郵便配達夫はひでき君で、これは（どっこいしょ）とポストの底部の、前に一段張りだした所にすわって弁当を食べはじめました。これも実際にはありえないのでしょうが、なんだかどこかの田舎道であってもよさそうな光景で、思わず微笑してしまうのでした。

次へ進む

考えた末に、二年間勤めたひまわり幼稚園を、三月でやめることにしました。園が後任を探す時間が必要なので、十二月のうちに園長に申しでました。放課後、事務室のみかん色に燃えるストーブのそばで、二人分のコーヒーをいれながら園長は慰留してくれました。

ガラス戸越しに見える園庭には、いったん家に帰った近所の子たちが、またブランコやすべり台をしに来て、走りまわっていました。声は聞こえませんが、楽しそうな顔が見えます。

「で、ここをやめると言って、そのあと、どうするの？」

「いえ、あの、別に決めていないんです」

「どこか別の幼稚園にいくあてでもあるの？」

「いえ、全然。よそで働くくらいなら、ここにいますし……」

「ここになにか不満があるのなら言ってちょうだいね。改めますから」

そう下手《したて》にでられると、ぼくも弱いのです。もちろん、細かくいえば幼稚園のやり方への不満はあります。しかし、そのこととこのことは関係ありません。どこの保育園に行こうが幼稚園に行こうが、そこなりの問題があるに決まっているし、ここなら完璧という場所や職場があろうとは思えません。

どこにいようと、その場で見えてしまった問題にきちんと対応するしかないのだとわかっていますから、ひまわり幼稚園の教育方針云々はぼくの退職理由にはならないのです。

理由はぼくの内部にありました。ただ、それをどういうことばにすれば園長にうまく伝えられるのかがよくわからず、口が重くなっていたのです。

ゆり組の子たちとは楽しくやれています。親からも目だった苦情はありません。同僚は公私に渡る友人です。

園長も、ぼくのシャキッとしない保育に一年前は苦い顔をしていましたが、それでも子どもたちが喜んでいるのをみれば、やはりその笑顔には勝てず、この頃ではぼくの自由裁量をずいぶん認めてくれるようになりました。

全体にぼくの保育は順調で、スタイルが安定しつつありました。保育ネタに困っても、昨年までの保育内容を思いだして応用すれば、子どもの顔ぶれは変わっているから問題はないし、必ず一定のおもしろさは生まれました。

しかし、そういうことのすべてが、少しずつ少しずつ、ぼくをダメにしていくような気がするのです。

やめたい理由を強いて言うなら、ぼくの中のなにかが（さあ、ここはもういいよ。次へ行って、もっと別の世界を見てみようよ。その方がいいよ）と耳もとでささやくからなのでした。

言い方を変えれば、ぼくはたぶん保育に少々飽きたのです。で、「飽きたから仕事をやめたい」と言えば、普通なら「なにを甘ったれたことを言ってるの」となるに決まっています。

ひとつの職場・職種に長くいる方がまともとされている世の中ですし、「家族の暮らしはどうなるの？」などと真顔で詰問されるかもしれません。実際、四月にはぼくにも初めての子どもが生まれるのです。また、もう少し続けていれば、別の視点がひらけて別のおもしろさが生まれてくるということも一応考えられます。

しかし、そうはわかっていても、その「飽き」に慣れて生きるというのも、なんとも辛いのです。

ぼくが子どもに学んだ「幸福になるための方法」は、こうでした。

いつも、今、一番おもしろいと思うことをやっていること。

それがおもしろいうちは続けること。

もっとおもしろいものを見つけたら、すぐそっちにいくこと。

おもしろくなくなったらやめること。

そういうことのくりかえしで時を送っていくこと。

この原理に立つことではじめて、かぜ組の子もゆり組の子もいきいきとできるのでした。

そして、こういう単純原理から（ま、そうも言ってられないんだよな、世の中ってのは）と脱皮していくのが、社会的に「大人になっていく」ということなのでしょう。

けれども、この子ども流儀はまちがっているでしょうか。

ぼくはむしろ、ここに豊穣な生き方のこつを見ます。そこに依拠するぼくの退職理由は、こんなふうになります。

「保育はもちろん好きだ。でも、これはこれで一区切り。今は自分の知らない別の世界へ進んで、ワクワクしたい。この先はなんだか見えないけれど、大丈夫、自分のやりたいことさえやっていれば、きっと食いっぱぐれない」

きっと、それでいいと思うのです。ただ、そういう確信を一体どういうふうに園長に伝えたらいいものか。

ことばを変えて尋ねてくる園長のそばで、下を向いたまま、途方に暮れていました。

一九八三年の冬でした。

次へ進む

時がたつ

「いたずらをしかける」に出てくる新島保育園のナナ子さんと担任を組んだのは、二十六歳の時でした。

　ひとつのクラスを二人の大人で見る複数担任制は初体験ですし、まだ珍しい「保父」ということで親からも職員からも注目されるのはわかっているので、ちょっと気負って利島から新島に渡りました。

「自分なら新しいところでもなんとかやっていけるはず」との、ひそやかな自負を持ちつつも、でもやはり「ベテラン職員によって長年運営され、システムのできあがっている保育園で自分の力がどの程度通用するのか」という不安もいくらかはありました。

保育園側が組ませてくれたナナ子さんは、ぼくより十歳年上のベテランでとてもまじめな先生でした。たとえば、新しい歌を子どもたちに教えるとなると、ナナ子さんは夕方も園に残って譜面のおたまじゃくしにカナを振り、一生懸命ピアノの練習をしていました。

ぼくの方はそんなことはしません。たいていの曲はドミソかドファラかシレソのどれかの和音をひけばなんとかなると思っているので、子どもたちのリクエストにあわせてテレビの主題歌をアドリブでばんばんひいて喜ばせました。

ナナ子さんは絵本を一冊一冊、前もって下読みし、良いといわれる絵本を選んで子どもの前で読みましたが、ぼくは口からでまかせで展開の早いアドリブの話をしたりして、子どもたちの笑いをとっていました。

外遊びもぼくの方が断然ダイナミックで子どもたちをひきつけていました。組んで一週間もすると、ぼくはナナ子さんと比べて、自分の方がはるかに今風のスマートな保育をしていると思えて安心するようになりました。

利島で自分なりに試し、やってきた保育がよそでも十分に通用し、それどころか子どもたちに人気を博しているとわかって、ちょっと得意にもなりました。

けれども、あるとき、ぼくは奇妙なことに気がつきました。

どうも、ふだん、ぼくのまわりには今一つ子どもが寄ってこないのです。子どもたちは、ぼくが部屋の中央に出て「さあ、みんな集まってー」と叫ぶと、すぐにナナ子さんのそばから「キャッキャ」とはしゃぎながら集まってきます。でも、ぼくとひとしきり新しい遊びをしおわると「ああ、おもしろかった」といいながら、またナナ子さんのところに潮が引くように戻っていくように見えるのです。

考えてみると、保育園ではでに遊ぶ時間は知れています。たいてい午前中の二時間くらいに、散歩なり、工作なり、劇遊びなり、ともかくその日の目玉というべきプランが入れられます。

親が夕方、子どもに「今日は園でなにをしてきたの?」ときいて、子どもが答えるのはたいていその時間にやったもののことです。

でも、それ以外の保育園の大部分の時間は、寝たり食べたり着替えたりトイレに行ったりごろごろしたりの、毎日同じで一々親に言うようなことでもないことに費やされます。

そしてそういう生活そのものというべき時間を、子どもたちはナナ子さんと過ごしたがっているようなのです。

もちろん、それはぼくがそう感じるということで、ナナ子さんの預かり知らぬ話ですが、ぼくは困惑し、また、くやしくなりました。

正直にいうと、自分が子どもに人気があるかどうかは若い保父であるぼくにとって重大な関心事でした。

たとえば新島保育園では100人以上の子がホールでいっしょに昼寝しました。

保育者たちはいっせいにあちこちに散って子どもたちを寝かしつけますが、その始まりのとき、子どもたちはいつも「○○先生、いっしょに寝よう」と添い寝のリクエストをしてきました。

複数の子どもからお呼びがかかる先生もいれば、まったく声のかからない先生もいました。

もちろん、ナナ子さんは大人気です。

ぼくはそれほどでもありません。

でも、自分でそれを認めるのはつらいので、昼寝の時間になると、子どもの指名をまたず、すぐにぼくの方から「○○ちゃん、いっしょに寝よう」と、おとなしい子どものところに寄って行きました。

別にきらわれているわけではないし、子どもにしてみれば「わーい、ぼくだけ指名された！」と嬉しいようで、これはこれでいいのです。

でも、子どもにおもねるような保育はしたくないと重々承知しつつ、ぼくだってやはり、子どもに好かれる先生になりたいのです。

どうすればいいのでしょう？

ぼくとナナ子さんの差はどこにあるのでしょう？

ぼくの方がおもしろい遊びをするし、おもしろいことをいうのに、結局、子どもたちはぼくと遊ぶのはいいけれど、いっしょに暮らすならナナ子さんの方を選ぶのでした。

で、ぼくがだした結論はこうでした。

「どうしようもない」。

なぜなら、その差はつまり人徳としかいいようのないものだからです。

人徳とは、勉強ができるできない、運動ができるできない、良い悪いとかではなく、なにもしないでも人が集まってくるような力でしょうか。

保育の専門学校で教わったり、本を読んでどうなるとかいうものではありません。

そうか、とどのつまりは人徳かあ。

確かに保育園でなくとも、大人だって子どもだって、気持ちのいい人といっしょにいるのが一番幸せに決まっています。

ただ、ふつうの大人同士の職場では互いに気をつかうので、こまった性格の人のこまった言動もぼかしてフォローしてもらえますが、小さい子どもばかりの保育園ではそのあたりに情け容赦なく、人気のあるなしはとても見えやすいのです。

そうか、いくらおもしろい遊びをしいれて、子どもの前でやってみせたところで、その一瞬はおもしろいかもしれないけれど、それだけのことかあ。

といって、すぐにどうなるものでもありません。

あいかわらず、はでな保育をしながら、そのあたりが、ぼくには少し悲しいのでした。

そんな思いを抱いたまま任期が切れ、ぼくは新島を離れました。

そのあと大島の差木地保育園・宇都宮のひまわり幼稚園でおせわになり、保育をやめて別の仕事で食べていくようになりました。

ナナ子さんたちとも年賀状のやりとりだけで、すっかり、無沙汰してしまいました。

二〇一二年の三月、ぼくは三十年ぶりに新島を訪れました。

その晩、園長先生・ナナ子さんを始め、当時の同僚たちがひさしぶりに集まって一席設けてくれました。

みんな六十前後になり、ぼくだって五十七歳です。

当時の園長先生やナナ子さんはとうに定年を迎えていて、今はぼくといっしょいたずらごっこをした山本さんが園長先生です。

食事をしながら、ぼくはずっと心にひっかかっていたことをナナ子さんに話しました。

「ほんとにナナ子先生にはかないませんでした。だって人徳が違いましたから……。あの頃、ぼくはけっこう落ち込んでいたんですよ」と、ここまで書いてきたようなことをいいました。

まわりの人たちは、そんなこと考えてもいなかったというような、意外な顔をしました。

ぼくはふだんは明るくふるまっていたので、そんなことを気にするタイプとは見えなかったのでしょう。

するとナナ子さんがいいました。

「なにをいってるの、杉山先生のおかげでどれだけ助けられたことだか。いろいろおもしろい遊びはやってくれるし、私の知らないことばかりでほんとに楽しかった」

もちろん、エチケットとして、ほめられたからそうやって謙遜してことばを返してくれたのだと思います。

でも、あれから三十年よぶんに生きたぼくは、そのナナ子さんのことばを社交辞令とわかっていつつ、でも、もしかしたら少しは本気でいってくれているのかもしれないと思えました。

というのも、その後、児童書や絵本を書くようになった関係で、ぼくは保育園・幼稚園に講演に呼ばれる機会がずいぶんありました。

そして施設を見せてもらったり、保母さんたちと話す中で「理想の保育」について、また別の考え方をするようになっていたからです。

基本的にはおだやかでやさしい人が保育者になった方がいいのはそのとおりです。

子どもたちがおちつけます。

でも保育所というところは、社会の縮図というか、それでひとつの世界になっています。

それなら、性格円満な人ばかりが集まって静かにやっているよりも、さまざまな資質の人がいて、じょうずに任務分担してそれなりの方向とセンスで子どもとかかわっていった方が広がりが出るのです。

たとえば「子どもの前ではでな動作は恥ずかしくてできないけれど、でも、子どもの世界に貢献したい」なんて人もいるでしょう。

そういう人は保育園の事務で働いて、たまに子どもにちょっかいをだすくらいで、あとは後方支援という役割をはたせばいいのです。

子どもと一線で向き合う保母のために必要な用具や教材をせっせと補給するのも大事な仕事です。

そんなふうに考えれば、当時のぼくのような、かなりでこぼこした性格の人間にもどこかに役割があったはずなのです。

ようは自分に無理がなく、しかもまわりも幸せになれるようなポジションをちゃんとつかめていたかということです。

野球で言うなら、みんながみんな四番バッターをめざす必要はなく、足の速い人が一番バッター、器用な人が二番バッター、ヒットの打てる人が三番バッターとじょうずにくみあわさったチームを作った方が、四番バッタータイプばかりを集めたチームより絶対強いはずです。

そう気がついたら、もしかしたらぼくが入ったことで、ナナ子さんはナナ子さんで少し楽に保育が出来たのではないかとも、おこがましいかもしれませんが、長い間に少しづつ思えてきたのです。

ナナ子さんがいつものように子どもたちをおちつかせ、なごやかな空気を作ったところにぼくが出て行って、にぎやかな保育をする。

子どもたちがどっと笑う。

目立つのはホームランを打つぼくですが、いつも走者をためているのはナナ子さん。

それで生まれる子どもの笑顔はどちらの手柄でもない、チームとしての得点です。

三十年をへて、今はそういうことだったんだなと思っています。

やっとあの頃の自分を肯定できるようになりました。


次の日の朝、新島の桟橋に保母さんたちがみんなで見送りに来てくれました。

まだ、早春の海はうねりが強くて接岸も楽ではありませんでした。

今は定年で毎日畑仕事をしているナナ子さんが、自分の畑で取ったあしたばを持ってきてくれました。

ぼくはただただうれしくて「また、会いたいです」といいながら、すっかり白い髪が増えたナナ子さんをだきしめました。

まわりのみんながどっと笑い、そこに出航のドラの音がかさなりました。

あとがき

今、ぼくは埼玉県の長瀞《ながとろ》という町で「なぞなぞ工房」の名でおもちゃ屋をしています。自分で考え、自分で作ったおもちゃを、通りがかりの人に買ってもらうのです。

木を糸鋸で切っておもちゃを作ることに特に気負いはなく、それをしていると自分がおもしろい時間が過ごせるのでやっています。

保育の世界を抜けて二年後、なぞなぞ工房を開いた時は（おもしろい世界だろうな）とは思いつつも、工作が苦手という不安があったのですが、始めてみればなんとかなるもので、作れるようになるに従い、それに比例しておもちゃの世界が好きになっていきました。

考えてみれば、保育者を志した時も、ぼくは決して保育が好きなわけではありませんでした。（これはもしかするとすてきな世界なのかもしれない）という予感があっただけで、本当に保育が好きになったのは、実際に現場に入って子どもたちとつきあいだしてからのことです。

さらに言うと「好きだ」と感じたのは、「保育思想」や「児童心理」で武装して子どもと渡りあい、日々の保育を「今日は成功」「今日は失敗」と自己採点してがんばっていた初期の頃に過ぎません。

だんだん肩の力が抜けて、理想の保育者像をめざす自分が消え、自分に無理のない保育がいくらかでもできるようになると「好きだ」「嫌いだ」という判断基準さえ消えてしまって、なにをやっても(時には失敗すらも)楽しい黄金の日々がやってきました。

この本のエピソードは、その時期のものを拾い集めたものです。もちろん、これはぼくの保育日誌のごく一部に過ぎませんが、それでも最初の「散歩をする」から最後の「次へ進む」の間に七年の歳月が流れています。

かぜ組では、ぼくは思いつくままに次から次にいろいろなことを子どもたちに仕掛けていきました。子どもたちはそれによく応じ、毎日椿林の下をやみくもに走りまわり、疲れると一緒にカヤトの原にひっくりかえって沖行く船を眺めました。

火花のような日々でした。

そのあとゆり組とは、もっとゆったりと過ごしました。別に手抜きをしたわけではなく、そういうのんびりした保育がいいなあと、だんだんに思えてきたからです。

ぼくは子どもと一緒にいるだけであまり仕掛けず、子どもたちの作る遊びの流れにまきこまれながら、その中で自分の持ち場をみつけ、簡単な仕事をしました。これはこれで、林の中の日だまりに一人で坐しているような平穏な日々でした。

かぜ組・ゆり組を通してぼくは、ずいぶんたくさんのことを子どもたちから教わったのだろうと思います。知らないうちにいろいろなものをもらったのだろうと思います。

この本のエピソードというのはすべて、そういう子どもが生命を燃やして駆けていく時にまきちらかした無数のかけらを、霧散しないうちにそばにいたぼくが拾い集めてとっておいたもの――といってもいいのでしょう。

そのかけらとは具体的には、ほんの一瞬の笑顔であったり、ためらいがちのことばであったり、掌の小石であったりするに過ぎません。

しかし、その、どうでもいいとしかいいようのないものをわけてもらうことで、ぼくは何回となく生命のいとおしさを思いおこし、勇気をだすことができました。豊かな気持になれたし、時には生きる支えになったほどです。

その意味で、ぼくのもらったものは生命のかけらであり、宝物だったなと思うのです。

この本のかぜ組のエピソードは、以前出版された『保父さんの島だより』という本に書いたことがあります。けれどもその本は初版しか出ず、また残念ながらその出版社は、その後なくなってしまいました。それから数年がたち、また少し年をとったぼくの目で全面的に書き直し、新たにゆり組の章を加えてできたのがこの本です。

晶文社のおかげで、ぼくのささやかな保育の記録に、新しい生命が与えられたことを感謝します。

そしてまた、もう、道で会ってもわからないほど大きくなってしまったに違いないあの日の子どもたちの後ろ姿に一言。

「あの時はどうもありがとう」

新版のあとがき

この本の初版が出てから、二十二年の歳月がたってしまいました。

あのとき、保育園・幼稚園でぼくがふれあった子どもたちももう中年になっているはずで、歳月という大河の流れの速さにただ絶句するばかりです。

前のあとがきでは「ぼくはなぞなぞ工房の名でおもちゃ屋をしている」とあります。

でも、その後、児童書作家に転業し、さらにストーリーテリングもするようになりました。

大別すると二十代が保父で、三十代がおもちゃ作家で、四十代が児童書作家で、五十代がストーリーテラーと、十年ごとに職替えしてきたことになります。

はちゃめちゃなようですが、いつも冒険の旅をしているようなおもしろい日々でした。

住まいも八ヶ岳の中腹・山梨県の小淵沢の高原に移しています。

二十二年前、ぼくはこの本の最後の章「次へ進む」で、こう書きました。

「ぼくが子どもたちに学んだ幸福になるための方法は、こうでした。いつも、今、一番おもしろいと思うことをやっていること。それがおもしろいうちは続けること。もっとおもしろいものを見つけたら、すぐそっちにいくこと。おもしろくなくなったらやめること。そういうことのくりかえしで時を送っていくこと」

そして、それはほんとうにぼくの生き方の指針になってしまいました。

これからもこんな調子で歩いていくのでしょう。

ずいぶん昔に一度、絶版になったこの本が一篇増えて増補版としてもう一度出ることになりました。世の中が変わっても、不変のものもまたあろうかと思います。

ご笑覧いただければ幸いです。

著者について

杉山亮（すぎやま・あきら）

一九五四年東京生まれ。七六年、都の公立保育園の第一号男性保育者として、伊豆諸島の利島保育園で働く。以後八三年まで各地の保育園・幼稚園に勤務。その後、おもちゃ作家として「おもちゃいろいろ・なぞなぞ工房」を主宰し、現在は山梨県北杜市の高原で児童書の執筆およびストーリーテラーとして活動中。

主な著書に「あなたも名探偵シリーズ」（偕成社）、「青空晴之助」（フレーベル館）、「のっぺらぼう」（ポプラ社）ほか多数。
子《こ》どもにもらった愉快《ゆかい》な時間《じかん》〈新版〉

二〇一二年六月一〇日初版

著者　杉山亮
発行者　株式会社晶文社
東京都千代田区神田神保町一―一一
電話（〇三）三五一八―四九四〇（代表）・四九四二（編集）
URL http://www.shobunsha.co.jp
印刷　株式会社ダイトー
製本　ナショナル製本協同組合

ISBN978-4-7949-6760-2　Printed in Japan